坂本龍馬 最強の人生哲学

百瀬 昭次

ロング新書

前書き――

龍馬は何を志し、何を為したか

二十一世紀は、これまでよりも一段と質の高いレベルに向けて飛躍していく、有史以来の大変革の時代といわれています。

このような時代にあって、わたしたちが為《な》すべきことは何か。

龍馬の考え方や生き方には、今日のような大変革の時代を生きるわたしたち現代人にとって、手本となることがすべて揃《そろ》っているのです。というよりも、むしろわたしたち現代人のために最高の手本を、龍馬がきちんと残しておいてくれたといったほうが適切でしょう。

たとえば、わたしたちの中に脈々と流れる「間《ま》」に象徴される日本人固有の特性と、「水《みず》」に象徴される宇宙の心を見事に体現して見せてくれたことです。

言いかえれば、自然の摂理に順応した理想的な生き方、そして夢の実現、自己実現といった、いわゆる「人間学」の基本まで身をもって教えてくれているのです。ですから、龍馬は単なる歴史に名を残した人物というだけではなく、むしろわたしたちの中でいつまでも生きつづけてくれる最高の師だと思うのです。

今、日本は日本古来のよき伝統や精神が消え去り、政治経済も、教育も、家族関係も崩壊しつつあります。教育にたずさわっているわたしは、とくに、子どもたちに関わる痛ましい事件やさまざまな嘆かわしい問題に心を痛めています。そんな現代日本の行く末を予感して、龍馬が残してくれた貴重な遺産、それが「龍馬スピリット」だと、私は思っています。

ところが不思議なことに、わたしたちは、この貴重な宝物を歴史の中に埋《う》もらせたままきてしまいました。その理由としては二つのことが考えられます。

一つは、「龍馬」について知っているといえる人は万に一人もいないことです。龍馬はたしかにこの国では老若男女を問わず知らない人がいないくらい有名な人物です。けれども、龍馬がなぜあの時代（幕末維新）に登場し、何を志し、何を為したか、またそれは自分や今日の社会にとってどんな意味を持っているか、あるいは龍馬の持ち味をどれだけ理解しているか、ということになると、まともに答えを返せる人は少ないのではないでしょうか。

本文で詳しく述べるように、わたしたちが「龍馬を再生」させることは時代の大いなる意思に基くもので、いわば歴史的必然性の一環とみることができるでしょう。

そうした時代の意思や歴史の英知を念頭におきながら、「龍馬スピリット」は何か、またそれをどう生かすか、について具体的に述べ、世のすべての人たちに役立てていただくこと、ひいては龍馬の夢であった「日本の洗濯」の再現に活用していただくことが、本書の目的です。

百瀬　昭次

一章　坂本龍馬

命を懸けて立ち上がった動乱の時代

二章

坂本龍馬 「水の精神」と行動哲学

三章 坂本龍馬 天命を感知する

5 利他の心

6 「プラス思考」に徹する!

四章 坂本龍馬 事を為す

9 自分の力を知る

10 日本人の魂を知る

五章 坂本龍馬 世の為、人の為に尽くす

六章

坂本龍馬 夢を実現する

一章

坂本龍馬

命を賭けて立ち上がった動乱の時代

●この国のため、この国を変えるために

「君がため　捨つる命は惜しまねど　心にかかる国の行く末」

これは、龍馬が残した歌ですが、いまから一五〇年ほど前、欧米列強諸国の進出に圧倒され、絶体絶命のピンチに瀕《ひん》した日本を思う龍馬の心情があふれています。

江戸幕府が鎖国をし、長く国を閉ざしていた間に世界は大きく変わっていました。産業革命で科学技術を発達させた欧米列強諸国は、軍事力を強化してさらに版図《はんと》を広めようと、世界各地への侵略を開始したのです。アジア諸国も、先進諸国の圧倒的な国力に蝕《むしば》まれ始めていました。

日本の植民地化の危機も、すぐそこまでに迫り、国が滅びるか否かの瀬戸際《せとぎわ》に立たされたのです。

「日本の独立を守るためにはどうすべきか」「攘夷か、開国か」「徳川幕府を倒して近代国家を建てるべきか」

「志士」と呼ばれた下級武士たちは、もう幕府には国を任せてはおけぬと、自分たち

の命を賭けて国難に立ち向かったのです。

ある者は家族も故郷も捨て、ある者は身分や私事を投げうって国のために奔走しました。またある者は、戦いで倒れ、暗殺され、またある者は獄につながれて非業《ひごう》の死を遂《と》げ、明治の新国家実現を目にすることなく散っていきました。

それでも、志士たちは、この国のために、国を変えるために命を賭して、歴史を大きく動かしていったのです。

龍馬も、家族や故郷を捨て、脱藩までして日本のために動いた一人でした。刺客の剣に倒れ、わずか三三歳の若さで維新を見ることもできずに生涯を閉じた龍馬でしたが、彼が成し遂げた大事と残した業績は、間違いなくこの国を変貌させたのです。

未曾有《みぞう》の大ピンチに瀕して、江戸幕府は右往左往し、混乱をきわめるだけでした。アメリカのペリーが黒船を率いてやってくると、強硬なアメリカに屈して不平等条約を結んで開国します。しかし、開国はさらに国内の困窮と混乱を招いただけ。開国をきっかけに、日本には一気に外国の権力や文化文明が怒涛のようになだれ込んできました。

この大変革の時代だった江戸末期をみると、まさにいまの日本の状況と同じだと痛感します。外国の文化文明に押されて、日本古来の精神を忘れてさ迷う現代人。政治経済も家族関係も崩壊に瀕した現代日本。

龍馬たち志士が命を賭けて立ち上がった幕末動乱の時代が、まさに今現在の混迷する日本なのです。

●「日本史が坂本竜馬を持ったことは、それ自体が奇跡であった」

作家の司馬遼太郎氏は『竜馬がゆく』の「あとがき」で龍馬についてこう述べています。

「日本史が坂本竜馬を持ったことは、それ自体が奇跡であった。なぜなら天がこの奇跡的人物を恵まなかったならば、歴史はあるいは変わっていたのではないか。日本史が所有している『青春』の中で、世界のどの民族の前に出しても十分に共感を呼ぶに足る青春は、坂本竜馬のそれしかない」

維新の英傑たちの中でも龍馬は軸的な存在でありました。数珠にたとえれば、英傑という一つひとつの珠の中を通し一つの輪（和）を作っている一本の「糸」のような存在であって、彼を中心にすべてが回っていたのです。

つまり、一人の人間が軸としての自己を自覚して、自分の持てる力をフルに発揮するとはどういうことか、またそうすればどれほどのことができるかを、実にドラマチックに、わかりやすく、まさに手本となるに相応しいかたちで示してくれているのです。

●変革期に進化していった龍馬

「時」の流れは〈水〉の流れの象徴といえます。わたしたちは「時の流れ」「時代の流れ」という表現をごく普通に使っていますが、これも時が水のように流れていくからです。

それほど、この二つの流れはよく似ています。そして、このことが時代やその動きについて考えるときにたいへん役立っているわけです。

たとえば、時代や歴史の移り変わりは、川や〈水〉の流れの曲がりくねった様子に置きかえて考えることができます。ご存知のように、川は決してまっすぐに流れつづけることはありません。途中から流れを左右に変える（転換する）ことを繰り返しながら前進して行きます。

つまり、川の流れに曲り角があるように、時代の流れにも曲り角（変り目、節目、転換期）があるということです。たとえば、龍馬が生まれた幕末維新（明治維新）の時代がそれです。そして、今もまさにその転換期、それも、二〇〇〇年に一度の大転換期（大変革期の時代）を迎えているのです。

龍馬の生涯は、まさに「日に新た」の明け暮れであったといえるでしょう。時代の風を背に、身分の低い下級武士からこの国の歴史を大きく動かすまで自分を大きく成長させていった人物、この変革期にすさまじい生き方を見せてくれた人物が、龍馬です。このことを示す有名なエピソードがあります。

ある日、龍馬は、桧垣清治という同志に路上でばったり出会った。

剣の腕に自信のある桧垣は、いかにもそれらしく目立つ刀を腰に差していた。それを見た龍馬は、「長い刀はいざというときに、かえって役に立たない無用の長物」と言ってふところから短い刀を示した。なるほど、そういえば確かに短い方が実戦向きかもしれないと、それ以来、桧垣は短い刀と取りかえた。

それからしばらくして、桧垣は再び龍馬に会ったので、「やはり、短いのにしたよ」と言って刀の柄を軽くたたいてみせた。すると龍馬はいきなりふところからピストルを取り出して、「今は、これの時代だよ」と、笑って言った。今は飛び道具の時代、いつまでも刀や槍の時代だと思うのは時代おくれの古い考え方、と言いたかったのだろう。

ところが、月日がたって三たび二人は会った。龍馬はふところから今度は一冊の本を取り出して「今は、これの時代だよ」と言った。それは、『万国公法《ばんこくこうほう》』※という国際法の法律書であったという。これからは国際化の世の中、武力だけでは役に立たない。外国人と同じテーブルについて対等に話し合い解決できるように、今は勉強が必要な時代だと伝えたかったのだろう。

この「刀」から「ピストル」へ、「ピストル」から『万国公法』へと時代の変化とともに考え方を次々とジャンプさせていく、この歯切れのよい決断が変革期にはとくに必要とされるのです。

龍馬には、勝海舟をはじめ彼の思想に影響をあたえた師ともいえる人物が何人かいますが、龍馬のすぐれたところは、それらの人たちとの出会いを一〇〇パーセント自己変革に生かし、ジャンプに次ぐジャンプを重ね、天下国家を動かすところまで、器を大きくしていったことです。

※万国公法（ばんこくこうほう）

幕末に日本に入ってきた国際法。国家間の関係を細かく決めたもので、一八六五（慶応元）年にアメリカ人宣教師ウィリアム・マーチンが、法学者ヘンリー・ホイートンの著書を漢訳し、『万国公法』の名で出版したもの。龍馬は、慶応三年のいろは丸事件で、紀州藩との談判に勝利するため、この万国公法を活用して世論を味方につけ、自身の正当性を強調しようとした。そのため、海援隊によって同書を出版しようとしたが、実施されたかは不明である。龍馬にとっては、必要不可欠の書であった。

●公明正大、明朗で万人に好かれた龍馬

歴史上の人物の中で「龍馬」ほど万人に好かれる人物もめずらしいのではないでしょうか。

龍馬がなぜそんなに愛されつづけているかについて、歴史学者の武光誠さんはこう指摘しています。

――歴史上の人物で好きな人を一人あげよといったら、老若男女とも圧倒的多数が坂本龍馬をあげる。抜群の人気を誇っているのだ。

龍馬は知恵と力とやさしさを兼ね備えた男だった。北辰一刀流《ほくしんいっとうりゅう》の達人で尊王派の志士の中では誰もが一目おく頭の冴えがある。犬猿の仲であった薩摩と長州を結ばせたり、日本最初の株式会社「亀山社中《かめやましゃちゅう》」を設立したり、龍馬の先見性は天才的なものだ。

しかし、ここで忘れてはならないのは、龍馬の考えがすべて日本の将来を思う彼の

真心から出たものであるということだ。しかも彼は、弱い立場の者の意見を積極的に政治に取り入れる心の広さをもっていた。

龍馬が立案した「船中八策《せんちゅうはっさく》」には、政治はみんなの話し合いで行われるべきだという主張が見える。それは議会制民主主義の祖形といえる考え方である。

龍馬が維新の直前に凶刀に倒れたことが、彼の人気を高めたことは確かである。しかし、彼の身を賭して理想にかける「義理」と、常に弱いものの気持ちを考えて政策を立案した「人情」とを実践していた。そのことが龍馬を最も愛される日本史上の人物にしたのである。(『頭のよすぎる日本人』)――

また作家の邦光史郎さんは、龍馬について「彼ほど名利を望まず、私利私欲にとらわれない人物は他の類例を見ない。欲がないから、つねに公明正大で、明朗な生き方に終始している」と表現しています。

万人が一人の人間をいつまでも愛しつづけるなどということは、只事ではありません。めったにあり得ないきわめて稀なことです。いわば稀少価値の中の稀少価値といえるものです。

●幕末期と重なる今こそ自己変革を図る時代

幕末期と同様、混迷に直面している今日の時代には、大きな特徴が二つあります。

一つは、今、時代は二〇〇〇年に一度という有史以来最大の転換期（一段とハイレベルな時代へ向けて脱皮、飛躍していく一大変革期）を迎えているということです。「文明論」という学問（宇宙と人類文明との間に存在する、法則性の発見の歴史学）によれば、東西二大文明は八〇〇年周期で交代しながら変動し、現代はちょうど西洋文明から東洋文明への転換期にあたるということです。

そして、次代の人類文明となるべき東洋文明の先陣をつとめるのは、日本文明であるといいます。

いっぽう、古代人が確立した「占星術」という学問から見ても、現代は二〇〇〇年に一度というたいへん大きな転換期にぶつかっているということです。すなわち「魚座（ピッゼス）」から「水瓶座（アクエリアス）」への移行期にあたる、と占星術は告げているのです。

水瓶座の時代は、文字通り「生命の水の偉大なる流水期」で、その象意は「進化」「飛躍」「変革」です。つまり、あらゆるものが質的に著しく飛躍、向上、進化する時代。物質的にますますハイテク化、情報化が進み、精神的には人間性や霊性のレベルが飛躍的に向上し、宇宙意識や高次元の世界への開眼や、その普遍化がいっそう促進される時代です。

こういう時代背景を考えれば、水を敬う水神信仰の国・日本が脚光を浴びても少しも不思議ではないのです。

つまり、これからの時代は〈水〉に象徴される時代であり、〈水〉の精神（こころ）とその行動哲学をもって、あらゆるものを良質化（レベルアップ）させるために大きく変革していくことが時流に叶った生き方になるのです。

たとえば、「ダメな自分」から「すばらしい自分」へ変革しようと努力する生き方がそれであり、そのような努力をする人にとって、今の時代は、恵みの風（追い風）が吹く「すばらしい時代」なのです。

大事なことは、過去にしばられずに、一段と高いレベルの意識や考え方を基盤とする新しい路線に切り替え、「自己変革」をどんどん図ることです。

そうすれば、時代の追い風に乗って、一人ひとりはもちろん、企業、社会をはじめ、あらゆるものを一段と洗練させた優れたものに一変させることも、けっして難しいことではありません。また、今日の混沌とした不透明な時代からの脱却と、新時代への飛躍も可能となるのです。ですから、今が「すばらしい時代」だと言ったのも、けっして偽りではないのです。

裏を返せば、そうした時代の趨勢を読みそこない、自己変革を怠るような生き方をすれば、時代から取り残され、やがて滅びる運命にあります。

その意味では、今日の大転換期は「飛躍」か、もしくは「破滅」かの二極分化の時代ということもできるでしょう。

●時代の潮流は確かに「良質化」に向けて流れている

このことは、昨今の社会的諸現象をみれば、一目瞭然です。

大企業といえども、会社の徳や質を省みずに金儲けばかりに奔走するようでは相次いで倒産する。とくに人材教育（人間教育）の強化を怠った企業は容赦なくつぶれる。反対にどんな小さな企業でも、人材の育成に力を注ぎ、各人の真の人間力（人知、人徳、人格）と企業自体の真の企業力（企業知、企業徳、企業格）のレベルアップに努めている企業は、不況風をよそにますます繁栄していく。

また、高級官僚や大企業のトップが次々と摘発される現象も、質の悪いものは通用しないことを告げる時代からのメッセージととれます。

学校にしてもそうです。「いじめ」や「不登校」や「自殺」が頻発したり、凶悪事件が発生するのも、学校の質、とくに教師の質の低下が大きな原因です。教師各人が自己研鑽に努め、生徒たちから信頼されるような指導力をもち、生徒たちの人間づくりにあたれば、生徒たちの質も確実に向上していきます。

事実、今の子どもたちは、人生観や価値観といった「人間学」の基本を心底求め、自分を向上させたいと強く思っているからです。

このように、時代の潮流は確かに「良質化」に向けて滔々《とうとう》と流れているのです。あとはそれをどのようにして行うか、具体的な方法ですが、ヒントの一つは〈水〉です。

これからの時代は、〈水〉に象徴される時代です。

「上善は〈水〉の如し」と老子の言葉にもあるように、また「天地の作用の中で〈水〉と火よりも大きなものはない。天地の本体である現象世界のすべては〈水〉と火の働きによる」と『言志録』にもあるように、いわば〈水〉は自然摂理の具現者ともいえる存在なのです。

したがって、この〈水〉の精神とその行動哲学をもって良質化にむけて「自己変革」を図る生き方が、時流に叶った生き方といえるのです。

そして、ありがたいことに、この〈水〉の精神と行動哲学をもって時代の変革期にのぞんだ手本となる人物が、まさに幕末維新の大立役者「坂本龍馬」なのです。

●武士よりも商人に近い、龍馬の自由な発想の源

龍馬は〈水〉と実に縁の深い人間です。〈水〉は天界からの使者と呼ばれるくらい

深遠な中身を秘めた物質です。また〈水〉は自分に対して控え目、他者に対しては実に献身的であるという誠に高徳な物質です。その〈水〉と深い縁がある龍馬自身も、やはり手本となるにふさわしい徳分をもった人間に違いありません。ここで、龍馬の生い立ちを見てみましょう。

龍馬は、天保六年（一八三五年）、十一月十五日、土佐郷士《ごうし》の父・坂本八平と母・幸《さち》の二男として高知城下に生まれました。

「龍馬」という名前は、龍馬を生む前に母親の幸さんが、雲龍奔馬が真赤な炎を吐きながら胎内に躍り込んだ夢を見たことに由来すると言われていますが、「龍」すなわち「龍神（王）」は、〈水〉に深い縁のある神霊（仏界の神霊、明王の変化身）です。稲作農業地帯では〈水〉を呼ぶ「水神」であると同時に「治水の神」でもあります。生い立ちからして〈水〉と縁が深いのです。

兄がひとり、姉が三人の五人兄弟の末っ子で、長男は二十二歳、長女は十九歳になっており、年が離れていたせいもあり、大事に育てられたようです。家は豊かな商家でしたが、郷士というのは、土佐藩独特の制度で、町人であると同時に下級武士で、武士のなかでは、もっとも身分が低い家柄でした。

坂本家の本家は商号を才谷屋といい、土佐でも有数の豪商でした。龍馬の自由な発想は武士よりも商人に近いものがありましたが、それも豪商の生まれに関係しているのでしょう。

幼少時の龍馬が泣き虫で寝小便たれの弱虫であったことは、よく知られていることです。十歳を過ぎても寝小便が治らず、塾では完全な落ちこぼれでした。ところが、そんな龍馬も十四歳になって剣術を学ぶと、めきめきと上達し、一人前の男に成長できたのです。

そんな龍馬が、わずか数年間という短い期間の中で、いくつもの大業を達成することができたのも、〈水〉の精神と無関係ではないはずです。龍馬の考え方や行動のあり方には、あたかも〈水〉の化身であるかの如く〈水〉の精神や特性が幅広く生かされているのです。

●日本人固有の間を生かして難事業に挑んだ龍馬

さらに、龍馬には、もう一つ手本となる大きな要素があるのです。それは今日の時代のもう一つの特徴である〈間〉の活用です。

そもそも時代の転換期とは、一つの時代からもう一つの新しい時代への移行期、すなわち時代と時代との〈間〉に他なりません。つまり、これからの時代は〈間〉に象徴される時代であり、〈間〉の活用が大きなカギを握る時代でもあるということです。というのも、〈間〉には、「飛躍」をはじめ、さまざまなものを生み出す計り知れない可能性と力（エネルギー）を秘めた創造の泉のような特性が備わっているからです。

龍馬はこの〈間〉の特性を自在に活用して不可能を可能にしていったのです。あの有名な「薩長同盟（連合）」や大政奉還のような難事業を見事に成し得たのも、この〈間〉の活用のたまものといえるでしょう。

〈間〉を大切にする精神は、後述するように世界に誇れる日本人固有の卓越した特性です。日本人の場合には精神構造そのものが〈間〉を中心とする、いわゆる「中空均衡型」と呼ばれる構造になっているのです。

「大変革期には日本固有のものが表面化してくる」（『世界的混沌の時代と日本』石井威望）と指摘されているように、この〈間〉の活用は、日本固有の最たるものといえるでしょう。そしてその精神を見事に発揮してくれたのが他ならぬ龍馬だったのです。

●「人生まれて学ばざれば生まれざるに同じ」

龍馬のような、歴史にその名を刻むような偉業を成し遂げた歴史的人物（存在）のことを「偉人」と呼んでいますが、この偉人をどのように捉えていけばいいのでしょうか。

偉人は自分とはかけ離れた特別な存在と見ている人が大多数で、自分とは疎遠な存在とする偉人観が一般化してしまっています。

一口に天才、偉人といってもさまざまな人がいます。カント、デカルト、サルトル、キューリー夫人などのように、学校時代から秀才のほまれ高い優等生だった人たちもいれば、反対に、エジソン、ノーベル、リンカーン、チャップリンなどのように小学校にも満足に行けなかったり、「劣等生」のレッテルを貼られた落ちこぼれ組もたくさんいます。あるいはヘレン・ケラーのような三重苦というハンディキャップを背負った人たちもいます。

これらが何を物語るかといえば、能力は先天的に特別な人たちだけに与えられているものではなく、万人に共通にさずかっているとみて差し支えないということでしょう。

最近仕事をしていて痛感することは、基本的な事柄に関する知識がいかに欠けているかということです。

たとえば、「勉強とは何か」という最も基本的な事柄一つにしても、上辺だけの知識で、本質をつかんだ本物の役に立つ知識になっていることが少ないのです。勉強に自分から進んで意欲的に取り組んでいる人が少ないのがその証です。

「我以外皆我師」（吉川英治）
「心してみれば師たらざるはなし」（松下幸之助）
「困難は師友であり、世界は学校である」（スマイルズ）

と、先賢たちの言葉にもあるように、この世界にはすぐれた師が満ち満ちていて、学ぼうと思えばいくらでも学べるような場が常時開かれているのです。道端にころがっている小さな石ころ一つにしても、よく見れば、そこには数億年もの歳月を身をけずりながらも、たくましく存在してきた誇り高き勇者がいることに気づくはずです。

ですから、「勉強の本質」はあくまでも、自発的かつ主体的に、そして意欲的に学びとるところにこそあるのです。

また「人生まれて学ばざれば生まれざるに同じ。学んで道を知らざれば学ばざるに同じ。知って行わざれば知らざるに同じ」（貝原益軒）とあるように、「勉強」とは、本来人生に役立つことを学び、学んだことを実際に用いて生かすこと、すなわち「知行合一」をいうのであり、ただ頭の中で知っているだけでは勉強したことにはならないということです。今の自分に生かしてこそ、初めて真の「勉強」といえるのです。

「歴史の勉強」にしてもそうです。教科書や参考書などを通じて、歴史の推移や歴史上の出来事や人物を知ることも確かに大切です。しかしそれだけのことでしたら、ただの知識の詰めこみにすぎず、真の知識とはいえません。

そうではなく、歴史とは、自分にとって何か。自分の人生とどう関わるものか。という見地から、自分の人生と結びつけて考えたときに、初めて歴史は生きた歴史として甦ってくるはずです。

●先覚者たちから多くのことを学び生かしていった龍馬

歴史は、いわば価値ある生きた知識や知恵の宝庫のようなものです。わたしたちが自由自在に活用できる貴重な財産がぎっしり詰まっているのです。いくら使っても使いきれない無尽蔵といえるほどの宝物がそこにはあるのです。

その埋もれている宝物を掘りおこして生かすところにこそ歴史を学ぶ真の意義があり、醍醐味《だいごみ》があるといえるでしょう。勉強が必要なのもそのためです。いくら高価なものがあっても、それを知らなければ宝の持ちぐされ、知っても活用しなければ無用の長物に終わってしまいます。

それで昔の人たちは歴史に学ぶ大切さを次のような言葉で残しているのです。

「故きを温ね新しきを知れば、もって師たるべし」（孔子）

「あらゆる賢いことはすでに考えられている。ただわたしたちはそれをもう一度考えてみなければならない」（ゲーテ）

「過去に無知なるものは未来から裏切られる」（アメリカの哲学者・サンタヤナ）

「僕は過去の歴史上の人物、故人というものは決して死んだ人ではないと考えている。何時でも今日の社会情勢に応じて、つまり声を上げて呼べば、歴史上の人物というものは地下に生きてきて日本の文化を手伝っている」（吉川英治）

「坂本龍馬」を歴史の中から掘りおこして活かす場合とて同じです。龍馬という人物をただ知っているだけではダメです。

「薩長同盟」の実現、「亀山社中」※や「海援隊」の結成、「船中八策」※の創案から「大政奉還」へといった龍馬のしるした一連の史実や業績、あるいはそれらがどのようにして実現し、維新回天につながったかという経緯をいくら知っていても、知らないよりはもちろんましですが、それだけでは本当に龍馬について勉強したとはいえませんし、龍馬を知ったことにはなりません。

龍馬の考え方や生き方をしっかり学びとり、それを実際に自分の人生に活用し、世の中のために役立てていく、それこそが真の「歴史の勉強」であると、わたしは思っています。

もっといえば、わたしたち自身が、「平成の龍馬」となって新しい時代づくりに参加していく。それが生きた「歴史の勉強」ということです。

そして、実はこの勉強を龍馬自身もきちんとやっていたのです。佐久間象山《さくましょうざん》※、大久保一翁《おおくぼいちおう》※、勝海舟、横井小楠※といった開明進歩の先覚者たちから、多くのことを積極的に学び取り、それを自分の人生に、そしておのれの使命の全うに生かしていったのです。

「勉強」は、教えてもらうものではなく、自分から進んで学びとり、学んだことを実際に生かすものであることを、龍馬はよく心得ていたに違いありません。

※亀山社中（かめやましゃちゅう）

龍馬が一八六五（慶応元）年五月頃に組織した浪士結社。

薩摩藩の協力のもとに交易の仲介や物資の運搬を行って利益を得、同時に航海術を習練して軍事面に役立てるという画期的な結社だった。日本で初めての「会社」ともいわれる。長崎の亀山に本拠を置いたので、この名がある。

だが、購入したばかりのワイルウェフ号が沈没。大極丸は代金未払いで就航できないなど、問題が続き、運営は困難をきわめた。二年後、土佐藩の支配下に置かれ、海援隊とし、龍馬が隊長になった。海援隊は亀山社中の一八名に新たな隊士や水夫などを加えた五〇名ほどで構成された。

※船中八策

一八六七（慶応三）年六月、後藤象二郎とともに土佐藩船夕顔丸に乗船した龍馬は、船中において時勢救済策として次の八か条を考案した。

①政権を朝廷に返還すること。

②上下二院制の議会を設けること。
③公家、大名によらず、広く天下の人材を集め、役に立たなくなっている役所の仕組みを改めること。
④外国との不平等条約を改正すること。
⑤新憲法の制定。
⑥海軍を強化すること。
⑦首都を守るため御親兵を置くこと。
⑧外国との貿易で日本が不利にならぬよう、貨幣制度を整えること。

この八策は薩摩、土佐両藩の主要条項となり、土佐藩が建白した大政奉還建白書の基案にもなったほか、維新政府の政治の方向も示している。

※佐久間象山（さくましょうざん）

一八一一（文化八）～一八六四（元治一）年。信州松代藩士。洋学者。信濃国松代藩の下級武士の家に生まれる。

一八三九（天保一〇）年、江戸神田お玉ヶ池に私塾・象山書院を開く。砲術、蘭学を学び、西洋科学や兵学の研究、大砲の鋳造、『ハルマ辞典』の翻訳、養豚など幅広く手がけた。勝海舟の妹と結婚。

象山の塾には勝海舟、吉田松陰、橋本左内、河合継之助らが学び、龍馬も一八五三（嘉永六）年に砲術入門を許可されている。

開国論の元凶として攘夷派から狙われ、京都木屋町で暗殺された。

※大久保一翁（おおくぼいちおう）

一八一七（文化一四）～一八八八（明治二一）年。武蔵国江戸二番町出身。幕臣。海防掛になり、勝海舟を推薦した。京都奉行、外国奉行、大目付、勘定奉行など多くの役職を歴任。開明派で、日本における議会制論者。

安政の大獄時に井伊派に加担したとされて免職。一八六三（文久三）年、龍馬と会談した一翁は、龍馬を「真の大丈夫と存」と評価し、龍馬らに政権奉還論を説明した。この政権奉還論が後の龍馬の大政奉還論に引き継がれていく。

大政奉還後は、勝海舟と共に、江戸開城の交渉に当たる。維新後は、静岡県、東京府の知事などをつとめた。

※横井小楠（よこいしょうなん）

一八〇九（文化六）～一八七〇（明治二）年。肥後藩士。松平春獄の政治顧問。江戸へ遊学して水戸学の影響を受ける。家塾を建て実学党を興す。一八五五（安政二）年から攘夷論より開国論に変わる。一八五八（安政）五年から一八六三（文久三）年にかけて福井藩に四回招かれて、殖産興業、貿易事業に尽力した。

一八六二（文久二）年秋、龍馬の訪問を受ける。翌年には、福井にいて龍馬の二度目の訪問を受け、龍馬の依頼で松平春獄から海軍塾設立資金五千両を借り出す斡旋をする。龍馬は、大政奉還後の新官制に横井を加えるほど、高く評価していた。明治新政府では参与になるが、一八七〇（明治二）年、京都で退朝の途上、暗殺された。

二章

坂本龍馬

「水の精神」と行動哲学

1 「水の化身」のごとく

●奔放で曲線的、なにものをも包みこむ

『坂本龍馬関係文書』の編者・岩崎鏡川氏によれば、土佐人のタイプはおおむね〈山岳型〉と〈海洋型〉の二つの対照的なタイプに分かれるといいます。

中国の格言に、「知者は山を好み、勇者は海を好む」とありますが、〈山岳型〉の特徴は、「気節凛烈《きせつりんれつ》」、頑固で直線的行動を示す。思考方法は論理的だが、主義主張において柔軟性を欠く。

一方、〈海洋型〉の特徴は「豪宕濶大《ごうとうかつだい》」、奔放で曲線的、思考方法は非論理的、茫洋としていてつかみどころがないが、なにものをも包みこむ柔軟性に富む。イメージ的にいえば山型が「ハード」、海型が「ソフト」ということになるでしょうか。

幕末の志士のなかで山岳型としては、吉田東洋、武市瑞山《たけちずいざん》※（半平太）、中岡慎太郎※があげられ、海洋型の代表は、坂本龍馬（山岳型のプラス面と併せ持っている）、後藤象二郎《ごとうしょうじろう》※らということになっています。

また一章でもふれましたが、「龍馬」という名前は、龍馬を生む前に母親の幸《さち》さんが、雲龍奔馬が胎内に躍り込んだ夢を見たことに由来すると言われています。「龍」すなわち「龍神（王）」は、〈水〉に深い縁のある神霊（仏界の神霊、明王の変化身）です。稲作農業地帯では〈水〉を呼ぶ「水神」であると同時に「治水の神」でもあります。

それらのことも深い関係があると思われますが、龍馬の思想形成や行動の哲学に最も大きな影響を与えた、河田小龍《かわだしょうりょう》※と勝海舟《かつかいしゅう》※、それに伴侶となったお龍《りょう》といい、身近な存在がいずれも〈水〉の縁で結ばれているのが面白い。

そして、龍馬の考え方や行動のあり方には、あたかも〈水〉の化身であるかの如く〈水〉の心や特性が幅広く生かされています。

●「日本を今一度洗濯することだ」

たとえば、龍馬は自分に与えられた使命を、「日本を今一度洗濯することだ」と語っています。また「物事を為すには潮時を見るが大事」と、軽挙妄動をつつしむと同時に、好機到来のときはただちに実行に移すことが大事だという「潮時論」を説いています。龍馬の成功はひとえにこの行動哲学の実践にあったといえるでしょう。

それに龍馬が成した「薩長同盟」と「大政奉還」は、いずれも「船」すなわち〈水〉が深くかかわっています。海運業の将来性と必要性を見抜いた龍馬は、日本初の海運会社「亀山社中」をおこしますが、「薩長同盟」の実現は、この「亀山社中」の設立によって初めて成しえたことです。

また「大政奉還」にしても、「船中八策」が決め手となっています。「船中八策」とは、政権を天皇に返すこと、議会を開くこと、外国との不平等条約を改正すること、海軍を強化すること、新憲法を制定すること、などの改革案を龍馬が提案したもので、土佐藩船「夕顔丸」で長崎から兵庫へ向かう船上で、龍馬が土佐藩の役人・後藤象二郎と相談してまとめた、いわば新しい国家体制を踏まえた時勢救済案でした。

さらに「大政奉還」のもう一つの決め手となったのは、後藤象二郎との連携プレーを組んだことです。後藤は土佐勤王党を弾圧し、龍馬とは敵対関係にあった人物ですが、大事の前の小事と、後藤との過去のわだかまりを〈水〉に流した龍馬の英断のおかげです。二人の連携が首尾よくいったのも、二人共に海洋型タイプで、物事にこだわらない柔軟性の持ち主であったことが幸いしたのでしょう。

※武市瑞山（たけちずいざん）

一八二九（文政一二）～一八六五（慶応一）年。土佐藩白札郷士。白札とは、上士待遇の郷士のこと。龍馬とは幼なじみで、通称・半平太。安政三年、江戸に出て桃井春蔵に入門し、剣術を修業し、塾頭となるほどの剣客だった。土佐勤王党を結成し、首領となり、幕府の政治に反対する大きな力を持つようになる。龍馬も加盟するが、過激な活動に疑問を感じて脱退する。その後、公武合体論者吉田東洋暗殺を主導し、藩主・山内豊範にしたがって上洛した。上士格の留守居組に取り立てられたが、吉田東洋を登用した前藩主・山内容堂が実権を握ると、勤王党に対する風当たりが強くなった。瑞山はじめ勤王党の有力者は捕らえられて、瑞山は一年半に及ぶ過酷な取調べを受けた後、切腹させられた。

※中岡慎太郎（なかおかしんたろう）

一八三八（天保九）～一八六七（慶応三）年。土佐国北川村の大庄屋の出身。土佐藩士。武市瑞山に学問や剣術を学ぶ。土佐勤王党に加盟したが、勤王党幹部が捕縛されると脱藩し、長州に逃れた。禁門の変には長州側で参戦するが敗走。その後、薩長和解に尽力し、同盟の締結を実現させた。武力倒幕を推進し、龍馬が海援隊の隊長になると、陸援隊の隊長となる。一八六七年、京都近江屋で龍馬と会談中を襲撃され、その傷がもとで三〇歳の若さで絶命した。

※後藤象二郎（ごとうしょうじろう）

一八三八（天保九）～一八九七（明治三〇）年。土佐藩主・山内容堂の信頼厚い土佐藩の役人。土佐の馬廻格の家に生まれる。名門の家柄だった。一八六四（元治元）年、大監察となり、土佐勤王党を取り締まった。龍馬とは敵対する関係だったが、藩の将来を考えて龍馬の脱藩の罪を許し、龍馬と手を結んだ。亀山社中を海援隊に改編し、藩への協力を求めた。後に二人はお互いを認め合い、龍馬が考えた大政奉還の案を山内容堂にすすめて建白書を提出し、大政奉還を実現させた。明治新政府では、板垣退助らと自由党をつくり自由民権運動で活躍、大臣をつとめた。

※河田小龍（かわだしょうりょう）

一八二四（文政七）～一八九八（明治三一）年。土佐藩の絵師で船役人。絵画だけでなく、儒学も学び、外国事情にも精通し、藩政にも関わった。一八四九（嘉永二）年、長崎に遊学して見聞を広め、同五年、藩命でアメリカから帰国したジョン万次郎を取り調べる。その体験記『漂巽記略』を、山内容堂に献上した。また、一八五四（安政元）年には、藩命で薩摩へ行き、鉄を精錬する反射炉などの軍事技術を視察した。同年一一月、龍馬は小龍の評判を聞き、訪れて西洋事情を学び、世界に開眼した。龍馬が率いた亀山社中や海援隊のメンバーには、小龍の門下生がいる。

※勝海舟（かつかいしゅう）

一八二三（文政六）～一八九九（明治三二）年。幕臣。江戸の貧しい旗本の家に生まれる。蘭学、砲術、航海術を学び、大久保一翁に見出されて幕府の役人になる。長崎の海軍伝習所に学ぶ。一八六〇（万延元）年、日米修好通商条約の批准のために、咸臨丸の船長として太平洋を横断し、アメリカを視察。帰国後は軍艦奉行などをつとめる。実際に海外を見てきた勝の広い見識に、龍馬は感嘆して弟子入りした。江戸幕府瓦解後は、西郷隆盛を説得して、江戸城無血開城を実現した。

●「水」の特性は自然の摂理そのもの

このような龍馬と〈水〉との深い縁は何を物語るかというと、宇宙の意思が龍馬に託してわたしたちに〈水〉への着眼を強く示唆していると考えられます。

というのも、「天地の本体であるこの現象の世界のすべては、〈水〉と〈火〉の働きによる」と、前述したように、〈水〉の特性や態様は自然の摂理そのものですから、これを見習うことは最も賢明な生き方といえるからです。

それに魚は水の中に棲んでいながら水を見ることができないが、見えていないのは人間も一緒で、人間も水に浸っていながら〈水〉という至宝の真価が見えていないケースが多いからです。

わたしたちの躯殻（身体）は天が授けた器であり、天が体を授けたのは、体がなければ善を行うことはできないからで、体はもともと心を使って善行をさせるためにあるのです。

そして、その身体はどうかというと、三分の二以上は〈水〉で満たされています。

とくに体の中枢である脳は八五パーセント、肺や腎臓は八〇パーセント、筋肉は七七パーセント、骨の部分がいちばん少なくて二〇～三〇パーセントと、ヒトの器官のうちで働きの大きいもののほど水分が多いことがわかります。

いわば、わたしたちの体は〈水〉で作られた半液体構造であるということで、その意味では、肉体というよりもむしろ「水体」といったほうが相応しいくらいです。

このように〈水〉は、わたしたちそのものといってよいくらい影響力の大きな存在ということができます。つまり、〈水〉の特性イコール人間の特性と受け止め、〈水〉を師と仰ぎ、見習うのが賢明であるということです。

そして、その第一の手本を示してくれたのが、実は坂本龍馬なのです。

そこで次に、〈水〉をテーマに自己実現に役立つことを龍馬から学ぶことにします。

2「行雲流水」の心

●物事をあるがままに見ようとする心、素直な心

流れる〈水〉は、いかなる障害物に出合おうとも少しも苦にせず、サラリと回って流れつづけていく。そのように〈水〉の柔軟性（流動性）や融通無碍《ゆうづうむげ》なる特性（特質）を生かすことによって自分自身の役割（使命）を最大限に発揮しているのです。それができるのは、〈水〉には本来そのような働きを生み出す〝素直な心〟が備わっているからです。

「行雲流水」の心とは、このように流れてとどまらぬ〈水〉や空を行く雲のように、少しのこだわりも執着もなく、物に応じ事に従って行動することを本分とする心のことです。

この「行雲流水」の心であるところの〝素直な心〟によって、〈水〉はわたしたちを生かし、そのうえ素直な心の大切さをも説いてくれているのです。

この素直な心の効用を身をもって示してみせたのが、他ならぬ坂本龍馬です。「経営の神様」と崇められた松下幸之助氏も龍馬について次のように述べています。

——坂本龍馬は傑物であったといわれますが、結局彼は当時としては非常に素直な心の持ち主であったのではないでしょうか。素直な心の持ち主であったがために、常に世の中の流れの先を見越して、次つぎと新しい考え方を生み出し、よりのぞましい行き方をとることもできたのではないかと思います。

もちろんそのためには、自分ひとりだけの考えではなく、広く衆知を求め、これを生かすということが肝要でしょうが、素直な心になれば、そういう衆知もおのずと集まってくるのではないかと思います。だから学問を積み、知恵を高めるといっても、その元となるのは素直な心だと思うのです。（『素直な心になるために』）——

いまの言葉の中にもあるように、〝素直な心〟とは、単に人にさからわず、従順であるというようなことではなく、もっと力強く、積極的な内容のものです。つまり、私心のない心、一つのことにとらわれずに、物事をあるがままに見ようとする心、真理をつかむ心、物事の真実を見きわめて、それに適応していく心、といった多面性を包含しているのが〝素直な心〟です。

では、なぜ素直な心が大切かというと、これがないと事は一歩も前進しないからです。もっと言えば、素直な心は、人生の目的であるところの自己実現、すなわち自己の向上（個人的進化の達成）と健全な社会づくり（社会的進化に達成）に結びついているからです。つまり、素直な心は、目指すべき夢やビジョンあるいはテーマや目的（目標）あっての素直な心であって、あらゆる創造的活動の原動力ともいえるものであるからです。

龍馬には「日本の洗濯をする」という大きな夢（ビジョン）がありました。そして歴史に残るいくつもの偉業を達成しましたが、それができたのは、常に素直な心で「日本の未来像」を念頭におきながら、現実の一つひとつの局面に対処したからに他なりません。

●為すべきことを正しく知り勇気をもって行う

松下氏は「素直な心の効用十カ条」について述べていますが、龍馬はそれをことごとく満たしているから恐れ入ります。そのうちのいくつかを取り上げてみます。

素直な心の効用のまず第一は、「為すべきことを為す」ということです。

素直な心が働いたならば、為すべきことを正しく知り、それを勇気をもって行う、という姿が生まれるようになります。

その勇気ある行動が「脱藩」です。西郷隆盛や勝海舟、桂小五郎らは藩や幕府へのこだわりから脱け出すことができませんでしたが、龍馬は必要とあらば藩へのこだわりも潔く断ち切り、脱藩を決行しました。

また必要とあらば東奔西走どこへでも赴き、ときには教えを乞い、ときには説得にあたり、ときには進言もしました。「薩長同盟」のときの桂小五郎と西郷隆盛への対応はまさにそれです。日本をいかにして救うかという大局を前に、藩意識にこだわる両者に対して龍馬は一藩の私情は捨てよ！と、決死の仲介、説得を敢行し、それが効を奏したのです。仇敵・後藤象二郎との和解とその後の二人三脚もまた例外ではありません。

●すべてに順応し、自分の思い通りにする

効用の第二は、「思い通り」になるということです。

素直な心になれば、すべてに対して順応していくことができるので、何でも自分の思い通りにすることができるようになります。つまり、素直な心が高まると、その為すところは融通無碍となり、いわば障害はなくなってしまうのではないか、ということです。

一見不可能にみえた薩長同盟も、あとで詳しく述べるように、まず犬猿の仲、あるいは水と油のような間柄であるという現実を素直に受け入れ、それを可能にする接点はどこにあるかをあらゆる面から考察し、双方の共通の利点（実利）を見つけ出したことが、実現の大きなポイントとなったのです。

●こだわらずに自分の思いや信念を貫く

効用の第三は、「こだわらない」ということ。素直な心になれば、何事に対してもこだわりやわだかまりが心に残らないようになってくることです。

龍馬に「義理などは夢にも思ふことなかれ。身をしばらるるものなり」という有名な言葉があります。彼は自分の理想にかける義理は大事にしたが、不必要にこだわっていたわけではありません。こだわらずに、自分の思いや信念を貫けばいいのです。

しかし、これを実践するのは、簡単そうで、じつはとても難しいもの。ですから、龍馬の成功は、余計なことに一切こだわらず、その局面に適合した対処に終始したことにありました。

「命もいらず、名もいらず、官位も金もいらぬ人は、始末に困るもの也。此の始末に困る人ならでは、艱難を共にして国家の大業は成し得られぬなり」とは、西郷隆盛の有名な言葉ですが、龍馬こそがそのような人物といえるのではないでしょうか。

●現状にとらわれず日に新たなものを生み出す

効用の第四は、「日に新た」ということ。素直な心になれば、現状にとらわれることなく、日に新たなものを生み出していくことができるようになるということです。

諸行無常とあるように、この世の中は変化が基調となっています。とくに時代の変革期（転換期）においては変化への積極的な対応が要求され、それを怠るものは、人も企業も社会も時代から取り残され、退化・衰退の一途を辿《たど》ることになります。

ですから、つまらぬ意地や固定観念に捉われ、手をこまねいていることは禁物なのです。肝心なことは、現状を固定したものと考えるのではなく、日々新たに変化していくものと捉えるような柔軟な心で、そこから新たな創造が生まれるということです。

龍馬の生涯は、まさに日々新たの明け暮れであったといっても過言ではないでしょう。

一章で述べた桧垣清治とのあいだの、「刀」から「ピストル」へ、「ピストル」から

『万国公法』への有名なエピソードが、それを物語っています。

龍馬の頭の中では、おそらく現在から未来へ、未来から現在へと循環する思考の流れがいつも駆け巡っていたに違いありません。そして、素直な心をもって、今自分が為すべきことは何かを真剣に考えたからこそ、未来を見越して次つぎと新しい発想や考え方を生みだして、前進に結びつけることができたといえます。

●ピンチをチャンスと受けとめ、禍を転じて福となす

効用の第五は、「禍を転じて福となす」こと。素直な心になれば、危機に直面してもこれをチャンスとして受けとめ、〝禍を転じて福となす〟こともできるようになるということです。「いろは丸」沈没事件における対応がその典型です。

海援隊の「いろは丸」が紀州藩船によって沈没され、大損害を被った事件が起こりました。しかし紀州藩は、徳川御三家の権威をかさに着て正当な賠償交渉に応じない。

そこで龍馬は二つの方策をもってこれに対抗しました。一つは『万国公法』に基い

た処理に訴えたこと。もう一つは世論を喚起し味方に引き入れたことです。龍馬は次のような戯れ歌を三味線片手に自作自演、丸山の花街の芸妓たちに唄わせたのです。

船を沈めたその償いは
金を取らずに国を取る
国を取ったら蜜柑喰う

大衆というものは、大抵いつの場合も判官びいき、それを知っての世論操作です。唄はたちまち三味線の音にのって長崎全体に流行しました。今でいうところのコマーシャルソングの威力を龍馬は早くもこの時代に活用していたのです。

かくして長崎の世論は全面的に龍馬側（土佐藩）の支持となりました。そして結局薩摩藩の五代才助《ごだいさいすけ》（友厚《ともあつ》）の調停により八万三千両（のちに七万両で妥協）もの賠償金を手にすることができたのです。そればかりか、この事件により龍馬と海援隊の名声がにわかに高まり、龍馬のもとには海上法則についての教えを請う者が引きも切らなかったというおまけまでついたのです。

このように、素直な心にはさまざまな効用があることがわかります。そして、この素直な心は、とりわけ幕末維新や今日のような時代の大転換期において最も必要とされることを、龍馬が身をもって示唆してくれているのです。

なぜなら転換期は大きな変化、変革が基調の時代、したがって、こだわり、執着、頑固、独善、偏見といったことが最も弊害をもたらす時代と心得なければならないからです。

3「出会い」の自在力

●出会いはチャンスの運び手であり、問題解決のメッセージを携えている

「出会い」は、わたしたちの人生を大きく左右するきわめて重要なものです。ですから、よほど強い関心をもって対処していないと、目の前に次々と現れるチャンスをつかみそこねて、不本意な結果を招くことになります。

事実このことによって、わたしたちはどれほど大きな損失を招いているか計り知れないのです。今日起こっている多くの問題の元凶は、まさにそこにあると言っても言い過ぎではないくらいです。

「出会い」の最高の持ち味は、「チャンス」の運び手にあり、事態を好転（進展）させたり、問題解決の糸口となるヒントやメッセージをかならず携えているところにあ

るのです。私がこうして「龍馬スピリット」という日本の宝を発見し、これを生かすことの重要性をアピールすることができるのも、龍馬との出会いを生かしたからにほかなりません。

このように、「龍馬」との出会い一つをとっても、出会いを生かすことがいかに重要であるかがわかります。わたしたち一人ひとりが龍馬との出会いを生かせば、この国の前途は洋々であると確信できるのです。

実は、その龍馬が、「出会い」の生かし方についても身をもって教示してくれているのです。龍馬は「出会いづくり」と「出会いを生かす」ことにかけても名人だったのです。龍馬の偉業もそのことと無関係ではありません。幕末維新の歴史は、龍馬の出会いの歴史、龍馬がどんな出会いをつくり出し、それをどう生かしたかの歴史と言ってもいいくらいです。

次にその「出会い」の持つ不思議さと玄妙さについて、龍馬のケースを例に、順を追って述べることにします。

●「姉」の存在が龍馬を成長させた

龍馬にとって重要な最初の「出会い」は姉の乙女《おとめ》です。このことが彼の人生のみならず、この国の歴史を決定づけた大きな要因になっているのです。

坂本龍馬は、一章でもふれましたが、天保六年（一八三五）十一月十五日、土佐藩高知城下本丁筋一丁目にある町人郷士・坂本八平の家に生まれました。商家の屋号は「才谷屋」。

坂本家にあって、龍馬の人生にとくに大きな影響をあたえたのは、父親の八平と姉の乙女です。八平は、弓術や槍術は免許皆伝の腕前で、書や歌にもすぐれた、文武両道を兼ね備えた武士道を大切にした人だったといいます。

龍馬が江戸へ剣術修業に旅立ったとき、次のような三カ条の修業の心得をあたえたのもその表れです。

修業中の心得大意

一、片時も忠孝を忘れず、修業第一の事
一、諸道具に心移り、銀銭を費わざる事
一、色情にうつり、国家の大事を忘れ心得違いあるまじき事
右三カ条胸中に染め、修業をつみ、目出たく帰国専一に候

龍馬はこの心得書を肌身離さず大事にしていたのです。

才谷屋には代々学問を重んじ、信心深いという伝統があり、とくに三代八郎兵衛という先祖は、伊勢神宮や金比羅宮にも参拝、才谷山のふもとに和霊神社を建立しています。才谷屋はこの神社を家の守護神として祀っていました。龍馬は脱藩するときにこの和霊神社へ行き、武運長久を祈願したと伝えられています。

幼いころの龍馬は、よく知られているように寝小便たれの鼻たれの泣き虫で、のちの龍馬とは似ても似つかぬ、いわばひ弱なうすのろの子でした。

近くの楠山塾に通わせ、四書五経や習字を習わせても、末っ子で過保護に育てられたせいか、意欲がなく、やる気が出ないのでみんなについていけず「落ちこぼれ」で

した。仲間からはばかにされ、「いじめ」の標的にされ、泣かされてばかり。まさに「自己否定型人間」の典型だったのです。

その龍馬が大きく自己変革できた原因の一つは、三歳年上の姉・乙女の教育のおかげです。南国土佐（高知県）では、男勝りの女丈夫のことを「ハチキン」と呼んでいますが、乙女はハチキンの見本のような人だったといいます。身長一七五センチ、体重は一一二・五キロもあり、堂々とした容姿で、武術や学問に男性に勝るとも劣らぬ力を発揮し、周囲の人たちから、「坂本の女仁王さま」と呼ばれていました。

男勝りの乙女は、料理や裁縫よりも武術、絵画、和歌や三味線などの遊芸を好み、なかでも馬術、弓術、水泳は得意中の得意でした。

このような人が龍馬の身近にいたことは、龍馬自身はもとよりこの国の歴史にとっても大きな救いでした。もし乙女がいなかったら、維新の立役者の龍馬は存在しなかったといっても、過言ではないからです。

母亡きあと、姉乙女をたよる龍馬に、彼女は剣術、弓術、馬術、水練（水泳）などを手ほどきし、けいこ相手になりました。その特訓の効果で、龍馬は少しずつ腕を上げ、自信をつけていったのです。よく食べ、よく眠り、体も丈夫になりました。
つまり、「頭」の訓練から「体」の訓練に切りかえたのが、龍馬の場合にはよかったのです。龍馬が自身を強い人間に変革できたのは、体を鍛えたことにより、「自尊心」を身につけたことにあったのです。

彼は乙女のすすめで十四歳のとき日根野道場で剣術修業を始めます。道場ののびのびとした空気のなかで激しくも楽しい修業を積むことにより、龍馬の自尊心は、いっそうゆるぎないものとなり、「自己肯定型人間」坂本龍馬が誕生したのです。その意味で、乙女は、龍馬を支え、この国の行く末をも支えた「守り神」であったといえるでしょう。

父親の厳しさと、姉の深い愛情につつまれながら、龍馬はたくましさと優しさをいっぱいそなえた土佐の「いごっそう」（気骨のある人物）に成長していくわけです。

●人生を変えた師・千葉定吉との出会い

龍馬にとって、次に人生を変えるほどの重要な出会いは、日根野道場主・日根野弁《ひねのべん》治《じ》との出会いです。日根野道場で剣術修業に精を出して腕をみがいたことが布石《ふせき》となって、十九歳のとき、江戸に遊学することになります。

さらに、龍馬に江戸遊学を決意させるには、もう一つの「出会い」がありました。剣術修業に心血を注いだ甲斐があって、龍馬はめきめき腕を上げ十八歳の年に免許皆伝まであと一息というところまで上達し、いささか得意満面でした。ところが、そんなとき龍馬の鼻をへし折るようなショッキングな話が彼の耳に入ったのです。

それは、江戸から高知にやってきた大石進という剣豪の言葉でした。

「江戸は恐ろしいところです。いくらでも強い奴が出てきよる。剣をやろうと思うなら、一度江戸に出てみたほうが薬になるでしょうなァ」

人伝えにそれを聞いた龍馬の心はふるい立ちました。そして、当時世界有数の大都市であった江戸への遊学(剣術修業)を決意したのです。

この大石の言葉との出会いが黒船との出会いに、ひいては龍馬の運命を変える大きな夢に通じていくわけですから、まさに出会いが出会いを生む縁の不思議を実感します。

十九歳で江戸に出た龍馬は、北辰一刀流の千葉定吉《ちばさだきち》道場に入門。千葉定吉は、あの有名な北辰一刀流の千葉周作の実弟で、兄周作が「大千葉」、弟の定吉が「小千葉」と呼ばれていました。定吉は周作ほどには有名ではありませんが、実力はすでに六十歳の老齢に達していた兄をしのぐともいわれていました。

龍馬が周作よりも定吉を選んだのは、おそらく日根野弁治のすすめによるものといわれていますが、このことがのちの勝海舟との運命的な出会いにつながるのですから、出会い（縁）とはまことに不思議なものです。

千葉定吉には、龍馬と同年輩の重太郎という息子がおり、師範代を務めるほどの剣の使い手で、龍馬をよく指導し、龍馬も重太郎を兄のように慕ったといいます。そしてこの千葉重太郎との出会いが、のちに龍馬に大きな幸運をもたらすことになるのです。

●運命を変えた「黒船」との出会い

龍馬の運命を変えた「出会い」は、江戸に来て二か月後に起きた、あの「黒船来航」でした。

嘉永六年（一八五三）六月三日、アメリカのペリー提督が大統領の国書を持ち、黒船四隻を率いて浦賀沖に現れ、幕府に開国を迫ったのです。

江戸市中が大騒動となったのは言うまでもありません。「太平の眠りをさます上喜撰《じょうきせん》、たった四はいで夜もねむれず」といわれたほど、黒船の巨大な威容に民衆は震え上がったのです。

この国の一大事に対して、幕府は諸藩に沿岸警備を命じ、土佐藩には品川近辺が割り当てられました。当時江戸遊学中だった龍馬も要員の一人として警護を命ぜられたのです。艦隊は、江戸湾深く進入していたので、品川の龍馬の目にもその船影がはっきりと映ったことでしょう。

この黒船騒動は、むろん十九歳という多感な龍馬を刺激せずにはおきませんでした。佐久間象山に弟子入りして、砲術の勉強をしたのはそのためです。

当時にあって、象山は、東洋と西洋の両方にくわしい最も先駆的な思想家で、東洋の「伝統的儒教道徳」と西洋の「実証的科学術」のそれぞれの持ち味をうまく生かし、日本の国力充実をはかり、外国からの危機を乗り越えて独立国家を実現するという主張を持っていました。それに接したことが、世界を視野においた国づくりという龍馬の思想のもとをつくるのに大いに役立ったことは確かです。

ともあれ、この龍馬と黒船との出会いによって、幕末維新の幕が切って落とされ、歴史が大きく展開していくことになるわけですから、「出会い」の重要性がよくわかります。もし龍馬がそのとき江戸にいなかったら、歴史はどのようになっていたか。そう考えるとこの出会いは、龍馬自身の人生はもとより、この国の歴史をも大きく左右するまさに運命的な出会いであったといえるでしょう。

●思想の基盤をつくった河田小龍との出会い

これを機に、龍馬は一剣術修業者としてではなく、一日本人として、この国の将来について考えるようになります。そして鎖国とは何か、開国とは何か、といったさまざまな疑問を解くために、一年三か月の修業期間を終えて高知に帰国してからも、土佐藩の絵師の河田小龍《かわだしょうりょう》の門をたたくといった積極的な行動に出ていきます。

この河田小龍との「出会い」の持つ意義が大きかったのです。彼の思想上の大きな転機となり、やがて『薩長同盟』の実現に生かされることになるからです。龍馬の人生観、世界観はだいたいこの龍と龍との不思議な出会いによって確立されたといわれています。

ときに安政元年（一八五四）、龍馬二十歳、小龍三十一歳でした。

江戸千葉道場での修業で得た北辰一刀流免許皆伝をみやげに、りっぱな青年剣士となって郷里に錦をかざった龍馬ではありましたが、ふるさとの懐かしさとは別に、黒船の重なる出没をはじめ激動、不安な世情のなかにあって、今自分は何を考え、何を志し、何を為すべきか、思い悩んでいました。

こうしたある日、体調がすぐれない父八平のことが気がかりで、姉の乙女に相談がてら、乙女の夫で藩医だった岡上樹庵《おかのうえじゅあん》を訪れました。そこで樹庵と親しい間柄だった小龍の話を聞かされたというわけです。とうとうと話す樹庵の話を、一言一句もらさず聞いた龍馬は、何を思い立ったか急に立ち上がり、無言のまま立ち去りました。

そしてある日突然小龍の家を訪れ、激しく渦まく胸の内を訴え、自分の行く道について、ぜひ教えていただきたいと申し出たのです。

はじめ小龍は一介の絵師にとてもそのようなことはできぬ、と断りましたが、龍馬のあまりの情熱と固い決意、それに激しく迫るその気迫におされ、ついに心を動かされました。そして、この若者に自分の夢を託して、長崎留学時代のことから始まり西洋事情や世界の大勢に至るまで、知っているかぎりのことを話して聞かせました。

おかげで、龍馬の胸につかえていた苦悩はきれいに消えてなくなりました。そして、日本の将来と国を心に思い、自分自身の生き方について大きな目標を持つことができたのです。

●脱藩を決意させた久坂玄瑞との出会い

次は、龍馬が志士活動に入る直接の動機をつくった男、すなわち土佐勤王党を結成した武市《たけち》瑞山《ずいざん》（半平太）との「出会い」です。

龍馬と瑞山は遠い親戚にあたり、江戸遊学もいっしょに行った仲です。瑞山は江戸三大道場の一つの桃井道場で修業しましたが、めきめき腕を上げ、翌年には塾頭に上げられたほどの腕前でした。年は瑞山が六歳上でしたが、互いに「あざ」「あご」と呼び合う親しい関係にありました。

桜田門外の変があった翌年の文久元年（一八六一）、二十七歳の龍馬は土佐勤王党に加盟し、志士活動の第一歩を踏み出しました。瑞山からひそかに命令を受けて九州へ、大阪へと駆けめぐり、時代の動向を自分の眼で確かめようと思っていた龍馬にとっては、むしろその方が好都合だったのです。

薩摩や長州の進んだ知識を持った人たちと会い、そこで龍馬にとって大きな転機となる一つの「出会い」に恵まれることになります。

松下村塾を主宰した吉田松陰門下の秀才、久坂玄瑞《くさかげんずい》※との「出会い」がそれです。玄瑞は龍馬より五歳年下で、このときわずか二十三歳でしたが、すでに長州藩の尊王攘夷運動の指導者の一人として活躍していました。高杉晋作と並ぶ村塾の逸才といわれ、松蔭の死後、師の思想を受け継いだ人物です。

龍馬はそこで、玄瑞の説く「草莽崛起論《そうもうくっきろん》」にすっかり共鳴し、ついに脱藩を決意するのです。藩という狭い世界のしがらみから抜け出さなければ、この国のかかえた困難は救えないと確信したからです。脱藩は藩の禁を破る重罪です。それをあえて実行してまで大志を貫こうとした、この大ジャンプによって龍馬の夢は一気に実現に向かうのです。

その実現化の最大の決め手となったのが、あの勝海舟との「出会い」です。ただし、そこにたどり着くまでにもいくつかのエピソードや「出会い」が布石となっているのです。

龍馬が脱藩したのは文久二年（一八六二）三月。脱藩した龍馬は、直接京都には行かず長州に渡り、九州をめぐり歩いて四か月後京都に入りました。

その間に京都ではあの有名な「寺田屋事変」が起こっていましたから、もし龍馬がはじめから京都にのぼって倒幕計画にからんでいたらどうなっていたか、あるいは命を落としていたかもしれません。

それにおもしろいことに、遅れて京都に入ったおかげで、龍馬はまたとない幸運に恵まれたのです。江戸からの帰り、たまたま病気になって旅宿で寝ていた同志の大石弥太郎との「出会い」がそれです。

ここで龍馬は勝海舟の存在を知らされます。大石はかつて藩の命令で、幕府に出仕していた当時、海舟から砲術を習っていて、海舟がアメリカ帰りで西洋事情にくわしいことも知っていたのです。

この先どうすべきか、思案をめぐらしている龍馬に向かって、大石はふとこう言いました。

「江戸に行ってみたらどうだ。一人、人物がおる。幕臣で勝海舟という男だ。考えを聞いてみる価値はあると思う」

この大石の助言が、龍馬の前途に大きな光を投げることになったのです。

「幕臣を味方にするのもおもしろいかもしれないな、ひとつ会ってみるか」

そう言い放って龍馬は再び江戸に入り、千葉道場を訪れました。千葉家の人々は龍馬の元気な姿を見て大喜び、とくに龍馬に思慕をよせていた娘の佐那《さな》はただただ涙があふれるばかりで何も言えなかったそうです。

※久坂玄瑞（くさかげんずい）

一八四〇（天保一一）～一八六四（元治元）年。長州藩士。萩城下に長州藩医の家に生まれる。吉田松陰の松下村塾に学び、頭角をあらわして高杉晋作とともに塾の双璧と称せられる。井伊大老の日米修好通商条約や安政の大獄に悲憤慷慨し、尊皇攘夷派の中心人物となる。龍馬と会談し、その脱藩に影響を与えた。一八六四（元治元）年の禁門の変では、浪士組を率いて出撃、幕府側の諸藩と交戦して負傷し、同志・寺島忠三郎とともに自刃した。

●歴史を変えた「勝海舟」との出会い

しかし、江戸に来たものの、勝海舟は当時軍艦奉行という重職にあり、千石取りのいわば高級官僚です。身辺多忙ということと、テロが横行し警備が厳しいこともあって、何の役職にもついていない浪人者にはそう簡単に面会できる余地はありませんでした。

そこで思いついたのが、第三者、それも海舟に通じる大物に仲介を依頼することです。幸いけいこ相手の千葉重太郎が福井藩主の松平《まつだいら》春嶽《しゅんごく》※と知り合いであることを知りました。重太郎は福井藩邸に剣術指南でよく出入りしていて信頼も厚かったのです。そこでもし春嶽に紹介状を書いてもらえれば海舟に会えるかもしれないと思ったのです。

思惑は見事に成功しました。重太郎もさすが熱血漢、龍馬の願いを二つ返事で承知してくれました。そして、自分も勝海舟という人物をこの眼でみたいと同行を申し出たのです。

二人が海舟に会ったのは、脱藩したその年の秋でした。

龍馬はそこで、幕臣という立場をはなれて説く、海舟の統一国家論、積極的開国論にすっかり魅了され、今自分が師と尊敬する人物はこの人だ、この人の下で存分に力を発揮するのが最良の道と直感し、ただちに師弟の縁を結んだのです。ときに龍馬二十八歳のことです。

「出会い」の一つの特徴は、その人の実力（レベル）に見合った相手と出会うところにありますから、国の政治にたずさわる海舟のような器の大きな人間に出会えたということは、龍馬自身の器もそこまで大きくなっていたということでしょう。

龍馬は、海舟に出会えたということがよほど嬉しかったとみえて、姉の乙女に次のように繰り返し手紙を書いて送っています。

「今にては日本第一の人物勝麟太郎《かつりんたろう》という人の弟子になり、日々かねて思いつき所を精といたしおり候」

「このころは天下無二の軍学者勝麟太郎という大先生の門人となり、ことのほかかわいがられて候て、先ず客人のようなものなり申し候」

事実、海舟の門下に入ってからの龍馬の働きは目覚ましく、海舟の手足となって日本中を駆けめぐり、その精勤ぶりを龍馬は姉乙女に次のように書いて送っています。

「泥の中のすずめ貝のように、常に土を鼻の先につけ、砂を頭へかぶりおり候。ご安心くだされ」

どんな汚れ役もいやがらず、充実した毎日を送っていると言っているのです。

この大ジャンプによって、西郷隆盛、横井小楠、桂小五郎、高杉晋作らとの出会いの道がひらかれ、「薩長同盟」へと進むことになります。またそれが布石となって、龍馬最後の大仕事となった「大政奉還」へと進んでいくわけです。

将棋でいえば、それまでの龍馬は「飛車《ひしゃ》」と「角《かく》」を兼ねそなえた逸材ではありましたが、まだその才能は未開発のままでした。それが海舟との出会いによって、飛車が「龍（竜）」に、角が「馬」に裏返り、本物の「龍馬（竜馬）」に大変身したということです。そしてそれを機に、文字どおり龍のように飛翔し、汗馬のように疾走しながら、歴史の表舞台を駆け抜けていったのです。

こうしてみると「出会い」の持つ重みというものがよくわかります。どの出会い一つ欠けても龍馬の活躍もあり得なかったでしょうし、日本の歴史も大きく変わっていたことになるからです。

ところで、今述べた龍馬の出会いの例でもわかるように、出会いには二種類があり、一つは「向こうからやってくる」出会いです。たとえば、黒船との出会いや大石進の話との出会い、京都の旅宿での大石弥太郎との出会いや千葉重太郎との出会いなどがそれです。

もう一つは、「自分のほうからつくり出していく」出会いです。たとえば、日根野弁治、河田小龍、久坂玄瑞、松平春嶽、そして勝海舟との出会いなどがそれです。

龍馬は、それらの「出会い」を一つひとつ着実に生かしながら、自分の器を大きくしていったのです。それができたのは、彼には「夢」があったからです。国を救い新しい日本をつくる、という大きな「志」があり、その実現に向けていちずに進んでいったからにほかなりません。

※松平春嶽（まつだいらしゅんがく）

一八二八（文政一一）～一八九〇（明治二三）年。越前福井藩主。財政再建と藩校創設など、藩政改革に尽力した。幕府の政治にも積極的にかかわるが、井伊直弼と対立し、隠居謹慎となる。井伊直弼暗殺後は、幕政に戻り、公武合体、幕政改革につとめる。第一五代将軍・徳川慶喜に政権返上を説いて、大政奉還を実現させた。春嶽は龍馬や勝海舟を越前藩に招き、横井小楠にも紹介した。神戸海軍操練所開設のため資金五千両を龍馬に提供するなど、龍馬が世に出る援助をした。

坂本龍馬・年表

年代	年齢	龍馬に関わる出来事	世の中の出来事
1835（天保6）	1歳	11月15日、高知城下本庁筋（現在の高知市上町）に、郷士・坂本八平の次男として生まれる	1837年、大坂で大塩平八郎の乱 1841年、天保の改革が始まる
1846（弘化3）	12歳	母・幸が亡くなる。漢学塾に入門するが、続かずにやめる。この頃から姉・乙女に剣術や水泳をしこまれる	
1848（嘉永1）	14歳	日根野剣術道場に入門	1852年、ジョン万次郎が土佐に帰る
1853（嘉永6）	19歳	剣術修業のため、江戸へ行き、千葉定吉道場に入門 ペリーの来航で江戸湾の警備に当たる	1853年、ペリー来航
1854（安政1）	20歳	土佐大地震が起き、高知へ帰る。河田小龍に会い、世界情勢について学ぶ	1854年、日米和親条約
1855（安政2）	21歳	父・八平が亡くなる	
1856（安政3）	22歳	剣術修業のため再び江戸へ向かう	1856年、アメリカ総領事ハリスが下田に来航

1858（安政5）	24歳	千葉道場から北辰一刀流の免許皆伝を受け、高知へ帰る	1858年、幕府がアメリカ、オランダ、イギリス、ロシア、フランスと修好通商条約を結ぶ。安政の大獄始まる
			1860年、井伊直弼暗殺される 勝海舟、咸臨丸でアメリカへ出発
1861（文久1）	27歳	武市半平太の土佐勤王党に加わる	
1862（文久2）	28歳	長州の久坂玄瑞と会う。土佐勤王党から脱退。土佐藩から脱藩 勝海舟の門下生になる	1862年、生麦事件
1863（文久3）	29歳	勝海舟の尽力で脱藩の罪を許される 勝の海軍操練所をつくるために、松平春嶽から五千両を借りる 海軍塾の塾頭になる 土佐藩の帰国命令に従わず、再び脱藩する	1863年、長州藩が下関で外国船を攻撃 生麦事件の報復に、イギリス艦隊が鹿児島を砲撃する 新撰組がつくられる
1864（元治1）	30歳	池田屋事件起きる。勝の神戸海軍操練所設立。勝の使いで西郷隆盛に会う	1864年、米、英、蘭、仏の4国が下関を砲撃する 禁門の変で長州藩が薩摩・会津藩に破れる

1865（慶応1）	31歳 神戸海軍操練所が廃止される。薩長連合をつくるための活動を始める 薩摩藩の協力で亀山社中をつくる	1865年、武市瑞山が切腹させられる 幕府軍が第二次長州征伐を命じる
1866（慶応2）	32歳 薩長同盟を結ばせる 寺田屋で幕府の役人に襲われて負傷。お龍と結婚し、鹿児島へ新婚旅行 幕府の第二次長州征伐で、亀山社中も長州を助けて幕府軍と戦う	1866年、徳川慶喜が第15代将軍になる 各地で一揆や打ちこわしが頻発 幕府軍が長州征伐で惨敗する
1867（慶応3）	33歳 脱藩の罪が許され、亀山社中を土佐藩の海援隊に改め、その隊長になる 海援隊のいろは丸が紀州藩の船に衝突されて沈没 後藤象二郎に「船中八策」を示す。オランダ商人から買った洋銃1000挺を持って土佐に帰国する 脱藩後、6年ぶりに坂本家に帰る 11月15日、京都近江屋で中岡慎太郎と面談中に暗殺される	1867年10月、徳川慶喜が朝廷に大政奉還を申し出る 1867年12月、王政復古の大号令 1868年、幕府が新政府に江戸城を明け渡す 江戸を東京に、元号を明治に改める

三章

坂本龍馬

天命を感知する

4 大志の必要性

●もっとも理想的な国づくりをするために今、何を為すべきか

龍馬は、たいへん先見性にすぐれた人間、「機《き》を見るに敏《びん》」なる人物として定評がありますが、このことは、生来〈水〉との縁が深いことからして、〈水〉意識が高いことと関係があるのではないかと思われます。

〈水〉意識が高いとは、〈水〉の真価や特性（質）をよく知っていること、その貴重さ、ありがたさに感謝していること、その神聖さ、偉大さに畏敬の念を抱いていること、そして、その持ち味を積極的に活用していることをいいます。龍馬の数々の思考も、このことと無関係ではありません。

というのも、〈水〉は「感知力」や「感応力」が最高に高い物質であるからです。

そのおかげで私たちはこうして生かしていただいていることを知らなくてはいけません。

わたしたちの生体は宇宙と一体化していて、宇宙からのさまざまな情報（波動）を敏感にキャッチしながら対応していることがわかっています。

そして当然感知力（感性）の高い存在であって然るべきであるという自己認識の上に立つことです。そういう自己認識が、あの幕末の動乱期に、常時できていたのが他ならぬ坂本龍馬です。

たとえば、「黒船」騒動を目のあたりにしても、彼は決して慌てたり、浅慮におちいったりしなかった。「今、なぜ日本に黒船か」の視点に立って、問題を捉えようとしました。そして、それにはまず日本を取り巻く国際情勢や西洋事情について詳しく把握することが肝心であるとして、象山や小龍の門をたたき、教えを乞いました。

とくに河田小龍との出会いのもつ意義が大きかった。そしてまず感知したことは、「一人を相手にする刀の時代の終わり、これからは国家的視野に立った大志の必要性」でした。小龍とのやりとりのなかで龍馬が感知したことをまとめてみると次のようになります。

一　攘夷は不可能。軍備の必要性。
一　緊急の対外策定。藩側の認識不足。
二　経済の自由化。船舶による輸送業の必要。
三　武士階級は頼むに足らず。むしろ活気ある下層の者を教育して使う。

ここで感知したことが、後の大業成就への大きな布石となるのです。

志士活動に入り、龍馬の行動哲学の中心にいつもあったのは「この国の将来、日本の夜明け」ということでした。そして、もっとも理想的な国づくりをするには、今、何を為すべきか、を彼は常に考えながら、的確な行動を心掛けていったのです。

「土佐のいも掘ともなんともいわれぬ居候に生まれ、一人の力で天下をうごかすべきは、これまた天よりすることなり」

と、姉の乙女《おとめ》に宛てた手紙の一節にあるように、龍馬は自分の天命もしっかり感知していたのです。

これも元をただすと、〈水〉に対する「意識」の高さに行きつきます。とりわけ龍馬のように〈水〉の化身のような人物は、生来水意識が高く、それが高い感知力、ひいては人一倍すぐれた直観力を生みだしている所以《ゆえん》だろうと思います。

●誰に対しても胸襟をひらき意見を聞き入れる

第二のポイントは、心をできるだけ「空《くう》」にして吸引力を高め、受け容れやすい態度、すなわち〈水〉のように素直で謙虚な受動の姿勢を取りつづけたのです。

海が大きいのも、すべての川よりも低く、すべての川を受け入れるからだというたとえもありますが、『スーパードライ』を大ヒットさせ、アサヒビールを一躍優良会社に変身させた故樋口廣太郎氏は、これを「琵琶湖哲学」と表現しています。

琵琶湖の特徴は、周囲の山々から一二五の一級河川、さらに支流を含めると約二〇〇〇ものの河川が流れ込んでいるけれども、琵琶湖から流れ出しているのは、琵琶湖疎水を除けば瀬田川の一本だけしかないという点です。

これは琵琶湖が周囲よりも低い位置にあるからで（姿勢を低くしているからで）、

そのおかげですべての水を受け容れることができるということです。つまり、琵琶湖のように姿勢を低くし、謙虚であれば、さまざまな情報もどんどんもらうこともできるし、助言もしていただけるというわけです。

このことは龍馬についてもそのまま当てはまります。龍馬はだれに対しても胸襟をひらき、いろいろな人たちの意見を虚心に聞き入れるふところの広さをもっていました。そして、日頃からさまざまな思想や情報を収集し、考察を加えていたからこそ、機に応じて斬新な発想が自在に発揮できたものと思われます。

●「なぜ？」で情報を生かし行動を起こす

第三のポイントは、受け容れる姿勢（受信アンテナをはること）を持続させると同時に、こちらからもあらゆるものに積極的な関心をもつ姿勢を併せて継続させることです。

「日本の洗濯」というテーマを持ち、その実現にむけて一途に取り組んでいった龍馬。この龍馬の「先見性」は、常に未来のゴールに視線をおきながら、現実に対処する姿勢を持続したたまものであり、それにより（アンテナを常時張りつづけたことにより）ヒントを呼び込み（直観し）そのヒントを生かしながら一つひとつ布石を打っていったことが成功につながったのです。

テーマを持ち目的意識を確立して行動を起こすと、必要な情報やモノや人が、磁石に引き寄せられるように自ずと近づいてくるのです。

それと、もう一つ大切なのは、「今、なぜ日本に黒船か」と、龍馬は素朴な問いかけを発し続けたことです。

5 利他の心

●自ら活動して他を動かしむるは〈水なり〉

〈水〉は、他者のために存在するといっても過言ではないくらい極めて利他的な存在といえます。わたしたちもこの〈水〉のおかげで生かしていただいていることを忘れてはいけません。いいかえれば、〈水〉はあらゆるものを生かす物質であるということです。

たとえば、老子は〈水〉をこう表現しています。

「最高の善は〈水〉のようなものである。〈水〉は尊く万物を利して、争わず、しかも〈水〉は多くの人が嫌がる低い位置に身を置く。だから〈水〉こそ道に近い存在といえる」

また、王陽明には、次のような「水五訓」といわれているものがあります。

一、常に己の進路を求めてやまざるは、〈水〉なり。
一、自ら活動して他を動かしむるは〈水〉なり。
一、障害に遭って、激しくその勢力を百倍にして得るは〈水〉なり。
一、自ら潔うして他の汚濁を洗い、清濁合わせ容るるは〈水〉なり。
一、洋々として大海を満たし、蒸発して雨となり雲と変じ、凍って玲瓏たる氷雪と化す。しかもその性失わざるは〈水〉なり。

〈水〉の特性はそのままわたしたち人間の本性であるから、本来人間も〈水〉がモットーとしている「利他の精神」の実践者であってしかるべきです。人間性（人格）を高め、自己変革を図る基本は、この利他の精神で世のため人のために尽くし徳を積むことです。自分勝手な言動を慎み、修養を積んで実力を磨き、それを世のため人のために生かすことです。それが結局自分のためにもなるわけです。

この〈水〉の精神を忠実に実行したのが、他ならぬ坂本龍馬です。

「〈水〉は対立するものの間に立つ仲介者となり、新たなものを不断に産出する」とありますが、犬猿の仲だった薩摩と長州の仲介役を買って出て見事同盟を結ばせたのが、その顕著な表われです。

また中立、中性の立場で必要とあらば、東奔西走どこへでも飛んで行って着実に善処し、成果をおさめるあたりは、まさに〈水〉の精神そのものです。

●龍馬を東奔西走させた純粋な人間愛

当時は、今では想像ができないくらい旅行が困難な時代です。日本人の大部分が国元から一生出たことがないのが普通の時代に、なぜ龍馬は日本縦断の大旅行が何回もできたのか、理由の一つは、無類の行動力、思い立ったらただちに行動に移す、その腰の軽さと切れ味です。

理由の二は、使命感の篤さ。大志を全うするためには、いかなる労をも惜しまぬという心意気です。

理由の三は、巧妙な旅行手段。さすがに龍馬は〈水〉の化身、彼の神速の秘密は、現代でいえばジェット機にあたる「蒸気船」にあったのです。当時大阪――江戸間は普通の足で二週間、それが蒸気船だと二日ないし三日、龍馬は極力これを利用したというわけです。

それにしても龍馬の行動力は並ではない。勝海舟の門下に入った文久二年の暮れから三年にかけて見ただけでも、

江戸→兵庫→京都→大阪

江戸→京都→江戸→大阪→福井→大阪→福井→京都→福井→

江戸→神戸→江戸

と、まさに東奔西走の大活躍です。

けれども、そんな多忙な旅の明け暮れにも、龍馬はよく歌を詠んでいます。これも乙女姉の薫陶のたまものか、古今、新古今の伝統をふまえた秀作が多く、龍馬は叙情派の歌人でもあったのです。再会の希望を託した次の歌には、人々のこと、世の行く末を思う龍馬のやさしい心根がしのばれます。

「又あふと思う心をしるべにて、道なき世にも出づる旅かな」

●老若男女、圧倒的多数の人たちの心を魅きつけた龍馬

龍馬の自分自身に対して何一つ要求することのない無私の精神も、〈水〉の心そのものです。

「命も金も名誉もいらぬという人ほどこの世でこわいものはない」と、西郷隆盛は言っていると前にも述べましたが、おそらく龍馬のことを念頭においているのでしょう。ここでいう「こわい」は、計り知れない大きな力に対する畏敬の意だと思いますが、今日においてもなおかつ、老若男女を問わず圧倒的多数の人たちの心を魅きつけて離さない龍馬の偉大さは、確かに西郷が言うおそろしいほど大きなものかもしれません。

では、龍馬の何がそうさせるのかというと、それは〈水〉がすべての生命に与える「無償の愛」にも似た、純粋な「人間愛」だといえるでしょう。いわば日々死と背中

合わせに生きる身の命がけの愛です。だから、その愛に触れた人たちは、みな命がけの愛で応えたのです。

海舟、西郷、小龍、春嶽、小楠といった英傑たちはもちろん、下関の伊藤助太夫や長崎の小曽根英四郎といった豪商たちも私財を投げうって協力しています。

また、亀山社中の同志たちも龍馬と一心同体を本意とし、社中が解散の危機に瀕したときも、ほとんど全員が他への斡旋を断り、どんな苦境に陥ろうとも龍馬と行動を共にしたいと申し出たほどです。

それに女たちも、龍馬に対して献身的な愛で応えました。まず生家の姉たち、有名な三姉の乙女は、母親に代わり海よりも深い愛を献げ、次姉栄は、脱藩した弟をかばい自害して果てました。

寺田屋の女将お登勢は、龍馬を探索の手からかくまいつづけました。また寺田屋の養女で、のちに妻になったお龍は、幕吏の襲撃の急を告げるために、風呂場から裸のまま飛び出し二階の龍馬に注進し、龍馬を窮地から救い、その際負傷した龍馬につきっきりで看病しました。

また許婚だった千葉佐那は、龍馬が自分のもとに帰ってくると信じながら、非業の死を遂げたと聞いたのちも、独身を通し、龍馬への愛を全うしました。遺言に、「坂本龍馬室」と墓に刻んでほしいとあり、甲府にある彼女の墓にはそう刻まれていま す。

さらに「水五訓」にある、「常に己の進路を求めてやまざる」にしても、「自ら活動して他を動かしむる」にしても、あるいは「障害に遭って、激しくその勢力を百倍にし得る」にしても、これすべて龍馬に当てはまるものばかりです。

6「プラス思考」に徹する！

●成功指向のS型人間、失敗指向のF型人間

思考のコントロールには大事なポイントが二つあります。一つは、常に海に向かって力強くいちずに流れ続ける川の流れにあやかり、思考（言葉とイメージ）も常に創造的なプラスの方向に揃えるように心掛けること、すなわちプラス思考を習慣化することです。それが自然の原則にかなった正しいあり方です。

次ページの図に示した「考えを切りかえるメーター」で言えば、真ん中の矢印を中心に右側の欄に書いてあるような、積極的で肯定的で前向きの内容の言葉やイメージを極力用いるように心掛けること。これが成功するための必要条件です。

たとえば、何事に対しても「できる！」という考えを優先させ、どうやったらでき

考えを切りかえるメーター

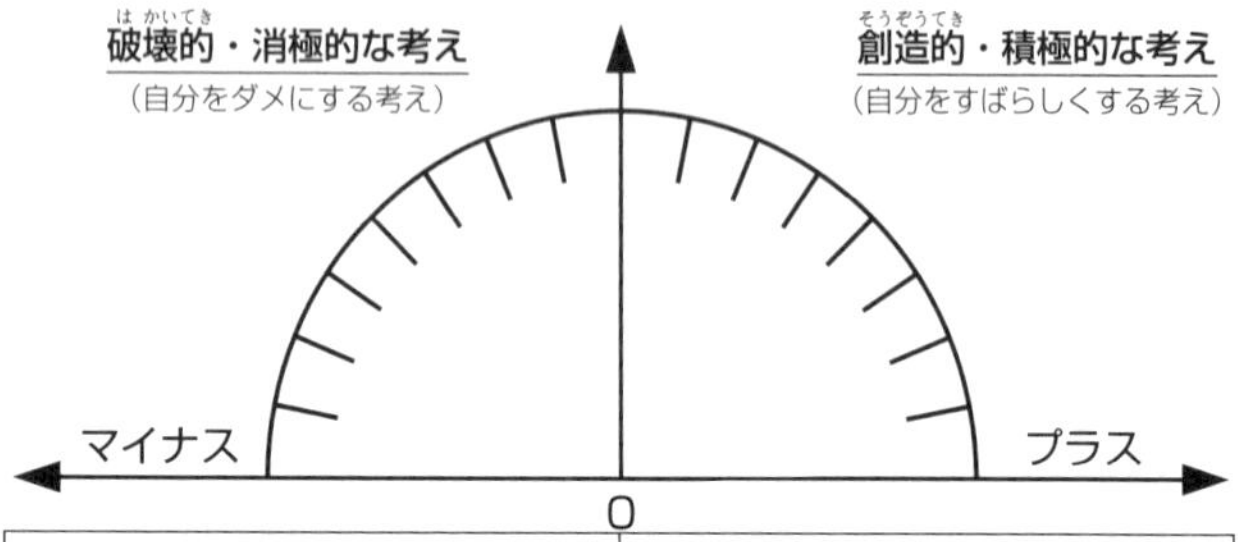

自分をダメにする考え（言葉）	自分をすばらしくする考え（言葉）
できない、ダメ、むずかしい	できる、すばらしい、優《やさ》しい
自信がない、あぶない、すべる	自信がある、大丈夫《だいじょうぶ》、合格する
あせる、あわてる	落ち着き、冷静
うまくいかない	順調にいく
どんどん悪くなる	どんどんよくなる
イライラする、腹《はら》が立つ	満ち足りている、ゆかいだ
苦しい、つらい、悲しい	楽しい、うれしい
暗い、ゆううつ、うじうじ	明るい、ほがらか、さわやか
貧しい、不安、心配	豊か、安心、充実《じゅうじつ》
病気、弱い	元気、丈夫《じょうぶ》、強い
きたない、みにくい、ブス	きれい、かわいい、美しい
きらう、にくむ、うらむ	愛する、うやまう、仲良くする
冷たい、意地悪、いじめる	暖《あたた》かい、思いやる、いたわる
見下げる、軽べつ、劣等感《れっとうかん》	認《みと》める、尊敬《そんけい》、大切
ばか、まぬけ、あほう	利口、さすが、頭がいい
灰色《はいいろ》、闇《やみ》	みずみずしい、光、かがやく
失望、絶望、不幸、死	希望、夢、幸福、生きる

るかだけを考える。また自分自身に対しても、企業や社会のためにきっと役立つ立派な仕事のできる有能な人間であると評価します。

またうまくいかないことがあっても、決して失敗とは考えず、貴重な経験と受け止め、新たな挑戦を試みる、といった態度で終始一貫して進んでいくことです。

すると、明るく積極的に考える習慣ができるようになるとともに、成功につながる好ましい結果がどんどん得られるようになります。

そういう進化の流れに沿った創造的な考え方のできる成功指向型の人を、Success（成功）の頭文字を取って「S型人間」と私は呼んでいます。

その反対が「ダメだ」「できない」というくらい消極的、否定的、悲観的な考え方の強いタイプの人、このような失敗指向型の人をFailure（失敗）の頭文字を取って「F型人間」と呼んでいます。

割合からいうとS型は10～20％、F型は80～90％、F型の方が断然多いとされています。

S型とF型の違いは、一言でいえば、モノゴトの「考え方」や「考えている内容」が根本的に違い、まったく対照的であることです。S型は成功を生み出し、個人や企業（社会）を繁栄にみちびく考え方、F型は成功は望めず、個人や企業（社会）を衰退にみちびく考え方ということができるでしょう。

「善い（プラスな）考えや行動は善い（プラスな）結果をもたらし、悪い（マイナスな）考えや行動は悪い（マイナスな）結果を生み出す」というのが、心の世界の確かな原理であるからです。

●「できる！」という考え方を押し通していった龍馬

そしてS型人間の典型はもちろん「坂本龍馬」です。

龍馬は終始一貫「できる！」という考え方を押し通していった最高の手本といえます。薩長同盟をはじめ、普通ではとうてい不可能と思われることも見事に可能にしてみせました。

では、なぜそれができたかといいますと、多くの人たち（F型人間）が「できない！」と考えることも、「できる！」という考え方に切り変えたからです。

たとえば、できない理由としては普通次の三つが考えられ、これをできない理由の三要素と呼んでいます。

①すぐにできない
②このままではできない
③一人ではできない

F型人間は、これを理由に、だからできないといって何もしようとはしません。けれども龍馬のようなS型人間は、これを次のようにできる要素に変換してしまいます。

①時間をかければできる
②やり方を変えればできる
③衆知を集めればできる

では、龍馬はこの変換をどのように実践したのかを、それぞれ一つずつ例をあげてみましょう。

まず①のケース。

龍馬は河田小龍から、これからは海運業が必要となると教えられた。しかし今すぐにというわけにはいかないので、普通の人なら「なるほど、そうか、でも理屈はわかったが実現するとなると大変だ」ということで終わってしまいがちです。しかし龍馬は違っていました。

今すぐにできないかもしれないが、今から準備にとりかかれば、近い将来に必ず実現できると確信し、それには今何を為すべきかを考えたすえ、自分の船を得ることに専念し、人員の手配（有能な人材の確保）を小龍に託すことを決断しました。

そして十年後にそれが「亀山社中（海援隊）」の設立となって実を結ぶわけです。

つまり、本当に必要なものは、今すぐにはできなくても必ず実現しなくてはならないという考え方をS型人間は、自然にできるのです。

●現状を打開し、衆知を集めて「できる！」にもっていった龍馬

次は②のケース。

当時大多数の藩士たちは、藩という狭い世界の枠の中でしか考えることも行動もできないでいました。したがって、藩士のままでいる以上、藩を超えた立場で何かをすることなどとても「できない」という考え方が一般化してしまっていました。

しかし龍馬は違っていました。このままずっと藩士のままでいたのでは、「日本の洗濯」や新しい国作りなどとてもできない、ではどうするか、やはりここは藩から離れ、草莽《そうもう》（在野）の志士となって行動するしかないと、龍馬は考え脱藩に踏切ったのです。またそれがきっかけとなって、新しい国作りが実現できたのです。

このように、本当に必要なことは、このままではできないからといって簡単にギブアップしたり、諦めてしまうのは大きな間違いで、現状を打開する方策を考えながら進んでいけば、きっと実現に漕ぎつけることができるようになっているわけです。

次に③のケース。

当時は、一介の浪士が単独でできることは高々知れていたのです。自分の食い扶《ぶ》ちにありつくだけでもそう簡単にはいきませんでした。ましてや一人の力で国を動かすことなど、普通では夢のまた夢でした。しかし龍馬はその夢を見事に正夢にしてみせました。

なぜ、それができたのか。衆知を集めたからです。龍馬は、一般庶民や婦女子から、幕閣や藩主や藩の重鎮、あるいは当代一流の学者など、身分や知的水準の高い層に至るまで、幅広く、分けへだてなくあらゆる階層の人々と交流をあたため、それらのすべての人たちの力を味方にして、活かしていったからこそ、あれだけの偉業を成し遂げることができたのです。

このように、本当に必要なことは、一人ではできないというだけの理由でやめてしまうのも間違いで、衆知を集めてでも取り組んでいくと、必ず成功に結びつけることができるようになっているのです。

ですから、龍馬にあやかり何事も「できる！」という前提に立って対処していくことが大切です。

●成功を「先取り」せよ

次に、龍馬のようなS型人間はどのようにして成功をおさめたか、その考え方とプロセスについて考えてみましょう。

まず「成功」というものに対する考え方、普通「成功」というときには、事が成就して一つの成果が得られたときに、初めて「成功」と呼ぶことが多い。受験でいえば合格したとき、セールスでいえば契約が整ったときに、初めて成功したと考えるのが普通ではないでしょうか。

ところが、この当たり前のようになっている考え方が、決して合理的とはいえないのです。

アメリカの心理学者ベン・スィートランドは、こういう考え方は「成功は到達地である」とする失敗型（F型）人間が往々にして陥りがちな発想だと指摘しています。

成功型（S型）人間は、決してそういう考え方はしない。スィートランドの表現を借りれば、「成功は旅である」という考え方をモットーとして物事に取り組んでいます。

つまり、旅に出るとき、地図や時刻表を揃えて計画を立てるときから旅は始まり、心は旅の楽しさにひたっているはずです。途中、乗り物の中で浮き浮きと喜びを満喫するでしょう。このように旅の楽しさは、旅をしようと決めたときから始まるもので、目的地に到着してから始まるものではありません。

成功する発想もこれと同じで、目的をやり遂げたときが成功だとは考えず、目的を成し遂げようと決めたときから、達成するまでの道のり全部が成功であると考えるわけです。

成功する人たちは、「あることを実現しようと固く決意したときに、すでにそのことは成功している」という考え方、すなわち「成功の先取り」という考え方（発想）をモットーとしているわけです。

龍馬の成功も、この「成功の先取り」のたまものといえるでしょう。龍馬は大目標である「日本の洗濯」が首尾よく達成し、新しく生まれ変わった日本の晴れ姿をいつも心に浮かべていたに違いありません。そして必ず実現できると確信しながら努力していたに違いありません。さもなければ、あのような歴史的な偉業を達成することはできなかったはずです。

それというのも、S型の人たちは、自分自身の中に、普段使っている第一の力の他に、心の奥に眠っている第二の不思議な力（潜在意識の偉大な力）があることを知っていて、それを活用すれば、自分が目指す目的は必ず達成できると確信しているからです。

そして、その偉大な力を引き出す働きをするのが「想像力」です。「想像力は知識よりもっと大切である」と、アインシュタイン博士も言っているように、想像力は、まだ開発されていない世界最大の資源といえるほど大切なものです。想像力には、想像したものを実現化する〝創造力〟を生み出す働きがあるからです。

想像力は人間にだけさずかった固有のもので、むろん使うためにさずかったものであるから、どんどん使うのが自然であり、使わないと人間らしい充実した生き方は決してできません。一方想像力の特徴は何かというと、時空を超えて描くことができる、すなわち未来を描くことができる唯一の能力であるということです。

ということは、未来を描き、成功を先取りすることは、もっとも人間的な行為の一つであり、本来どんどん積極的に行うべきだとS型の人たちは考え、そういうことに無頓着なF型の人たちを尻目に、一つひとつ着実に成功をおさめていくのです。

　このような考え方をすれば、はじめから目的は達成できるとわかっているわけですから、努力のしがいがあり、喜びをもって努力することができるわけです。

　これに対して、世の大多数の（F型の）人たちがそうである「成功は到達地である」という考え方の場合には、目的が達成して初めて成功することになるわけですから、目的にむかってスタートしてもはたして成功できるかどうかはわかりません。

　むしろ失敗するのではないかと心配する気持ちの方がはるかに大きい。だから、成功するまでの道のりは険しく、苦しくてつらいものになってしまいます。苦難の末にようやく成功したということがそれです。しかし、それならまだいいほうで、大抵は失敗に終わるのが落ちです。「骨折り損のくたびれもうけ」とはよく言ったものです。

　このように、龍馬のようなS型人間とF型人間では「成功」に対する考え方が根本的に違い、したがって、起こることも天と地ほど違ってしまいことに気づくことが肝心です。

7「成功への道」を邁進する！

●いかにして龍馬は障壁を乗り越えたか

事を成功させるには、成功する発想の下で為すべきことを着実に実行しながら邁進していくことが要諦であると述べましたが、次にそれが首尾よく行うように役立ついくつかのポイントについて述べてみます。

【ポイント１】　問題が起こっても決して逃げたりあきらめてはならない

まずは、

「自分にふりかかってくることは、すべて自分で解決できるという前提の下で起こる。大切なことは、問題が起こったときに、我欲を超えた高いレベルで解決する力が発揮できるか否かである」。

そして、「解決の糸口は思わぬかたちでやってくるので、決して逃げたりあきらめてはならない」ということです。

龍馬の成功も決してスムースにいったわけではありません。いくつかの成功を積み重ねながら、大目標への道を邁進していったはずであり、また一つの成功をおさめるためには、いくつかの障壁を乗り越えていったはずです。いいかえれば、そのようにして前に進むことを継続していきさえすれば、成功は必ず手中におさめることができるということです。

たとえば、前述した河田小龍との出会い。龍馬の一生にはいくつかの結節点がありますが、この出会いが彼の思想上の大きな転機となり、やがて勝海舟へと向かう方向を定めたことは間違いありません。

当時二十歳だった青年龍馬は、自分の進むべき道が定まらず煩悶の日々に明け暮れしていました。そうしたある日、体調が勝れない父八平のことで、姉の乙女に相談がてら、義兄で藩医だった岡上樹庵を訪ねた時、樹庵とじっこんの間柄であった小龍の話を聞かされたというわけです。そして「これだ！」と直観した龍馬は、ある日突然小龍の寓居を訪れるのです。

このように、成功のプロセスにあってはさまざまな問題に直面することが付きものですが、それをなんとか解決しようと前向きな姿勢を持続していると、あるとき思わぬかたちで解決の糸口がやってきます。ですから、すぐに解決できないことがあっても決して投げだしたり、あきらめたりしてはならないということです。

【ポイント2】　チャンスを逃がさず必ずものにする

そこでポイントの第二は、「活機」、すなわち、チャンス（好機）を逃さず、必ずものにするということです。

龍馬が義兄の樹庵から小龍の話を聞いて、ただちに行動にでたように、「機」をとらえることができるか否かが、成功・不成功の分かれ目になります。ですから「機」を逃さないようにするには、「感知力」を高めることを心がけるとともに、ふだんから、思い立ったらすぐ行動する習慣を培っておくことが肝心です。

人間学の泰斗《たいと》・安岡正篤《やすおかまさひろ》先生も次のように指摘しています。

「何事にも機というものがある。これを知り、これに乗じて行えば、着々実効が上がるが、それを逸すると、物事はすべて渋滞する。商売にも『商機』というものがあり、商機をつかまえなければ商売は活きてこない。だから、これはと思ったらすぐに立ち上がり、夜でも本を読みなさい。いい人だと思ったら、感激を失わないうちに会ってみることだ。これを機慧とか敏慧と言う。論理的頭脳だけで考えるのではなく、心をひらめかせ、機をとらえて活かすことである。孔子もしばしば『敏』ということを説いている」

また、次のようにも述べています。

「難局に当たって、よく活機を知り、思い切って旧来の惰性を破り、新しい態勢をとることができるのは非凡な人物である。凡人の場合、機会をとらえて、従来の型を破る行動にでるのはなかなか難しい。難問に当たったときほど立ちすくんでしまい、小細工を弄してその場しのぎの対策を講じようとする。そして、ますます事を面倒にしてしまう。しかも当人はそれが正しいと思い込み、新機軸を打ち出そうとする者を危険視したり、あるいは空想家・理想論と片づけて、相手にしなかったりする。そしてますます落とし穴にはまり、最後は没落していくのである」

【ポイント3】「運がいい」と思う

ポイントの第三は、自分は「運がいい」と思うことです。

人間、運が悪いといくら努力してもなかなか思うように事が運ばない。運をよくするにはまず自分は運がいいと思うことです。運は、運がいいと思っている人のところに集まってくるからです。これを「誘引の法則」といいます。

だから、成功する人間は一様に自分は運がいい人間だと思っています。

松下幸之助氏もその一人。松下氏は若いころ二度も九死に一生を得ています。一度は船から海に落ちておぼれかけたとき、もう一度は自転車に乗って配達の途中、急に横から飛び出した車にぶつかってはね飛ばされたとき、どちらのときも松下氏は〝自分は運がある〟と思ったそうです。

そして、どんな難問にぶつかっても、自分は運が強いのだから、何とかやり遂げられるだろう、という信念を持つようになったといいます。

むろん龍馬についても同じことがいえます。龍馬も自分が運のいい男だということを知っていた一人です。彼は運命をいい方へ解釈する得な性分をもっていました。

龍馬ほど「運」と「努力」の両輪をうまくバランスさせながら善循環を生みだしていった人物も稀れです。

勝海舟との出会いと、その後の活躍ぶりはその典型ですが、龍馬は海舟の門人になれた運のよさを手放して喜び、後日、姉の乙女に次のようなユーモアをまじえた手紙で伝えています。

「さてもさても人間の一生は合点の行かぬは元よりの事、運が悪い者は風呂よりいでんとして睾丸をつめ割りて死ぬる者もあり。それとくらべて私などは運が強く、なにほど死ぬる場に出ても死なれず、自分で死のうと思うてもまた生きねばならん事なり。今までは日本第一の人物勝麟太郎殿という人の弟子になり、日々かねて思い付く所を精といたしおり申し候」

また後日、蛤御門《はまぐりごもん》の変が起こった際に、討幕の徒の中に海舟が作った神戸海軍塾

〈塾頭は坂本龍馬〉の塾生がいたということで、幕閣の激怒をかい、海舟は江戸に戻され、海軍塾が事実上幕を閉じた際も、本来ならば拠り所を失い絶望的におちいるところ、幸運にも海舟の裁量で龍馬と塾生の身柄は西郷に引き取ってもらい窮地を脱することができたのです。

【ポイント４】「使命感」を持つ！

ポイントの第四は、「使命感」を持つことです。

〈水〉は、わたしたち人間をはじめ、すべての生物を生かすという大きな使命感を帯びて存在し、それを片時も忘れることなく忠実に全うしています。

そして、生かすだけではなく、生き方や生き方の知恵まで教えてくれています。使命感を持つことの大切さもその一つです。

アメリカのパフォーマンス・サイエンス・インスティチュートの会長ジェームズ・ガーフィールドも、二〇年かけて最高の業績をあげた人物一五〇〇人の特質を調べた結果、最高の業績が「使命感」から生まれていることがわかったと述べています。

つまり、成功する人たちは一様に「使命感」が旺盛だということです。

確かに人は、誰かのために、あるいは何かのために自分が役立ったとき、また自分を役立てようと使命感に燃えたとき、いちばん「やる気」を起こします。

今このことを成し遂げることが自分の価値を生かし、世のために貢献することにもなるとわかれば、自ずと意欲も湧き、何がなんでもやり遂げようとする固い決意と粘り強さも発揮されるでしょう。

龍馬の成功も、むろんこの「使命感」によるところきわめて大でした。

西郷と龍馬には、いくつかの共通点がありますが、使命感もその一つ。男子たるものの使命は「国家の大業をなす」ことであるとし、その意思は「天」からきているとしている点です。

西郷と龍馬が強い絆で結ばれ、龍馬の危機を西郷が救い、ともに携えながら維新への道を驀進し得たのも、この共通の使命感による共鳴作用が大きな要因ではないかと思われます。

使命感をもって善い事に取り組んでいる人の下には、「類似の法則」によって使命感に共鳴した善き人やモノが集まってきて味方をしてくれます。また「天・地」も味方してくれますので、業績もますます上げるという次第です。

京セラ創業者の稲盛和夫氏も、事業を行うときの唯一の方針は、「善いことを思う」「善いことをする」こと、そうすれば「天・地」も味方してくれるといつも思ってやってきたと述べています。

【ポイント5】「成功」するまで前進する！

ポイントの第五は、「成功するまで前進を継続する」ことです。

「成功するには、成功するまで継続することである」「成功する前からやめてしまうのが失敗である」と言われるように、成功するには成功するまで継続することが鉄則です。

フランスの哲学者アランは『幸福論』の中でこう書いています。

「誰でも求める物は得られる。青年時代にはこの点を考え違いをして、棚ぼた式に得られるのを待ち望むことしか知らない。ところがぼた餅は落ちてこない。わたしたちが欲するものはすべて、ちょうど山と同じで、わたしたちを待っており、逃げて行きはしない。だが、よじ登らなければならない」

このたとえのように、成功への道は目の前にあります。しかしその道を歩み始めなければ永久に目的地に辿りつくことはできません。けれども、道のりは決して平坦ではありませんが、一合目から二合目へ、二合目から三合目へとループを描きながら着実に登りつづけて行きさえすれば、ことは自ずと成就するということです。

また川も決して一本調子（直線的）には流れません。曲がりくねり蛇行しながら目的地まで流れていきます。成功への道も、人生もかくの如しと教えているのです。

両者に共通している点は「循環の大法則」が中心を貫いていることです。登っては休み、休んでは登る。進んでは曲がり、曲がっては進む。順境（活動期）から逆境（休息期）へ、逆境から順境へ。という具合に繰り返しながら継続していくというパターンが基調をなしていることです。

そして、ここで大事なのは、「休止」や「曲り角」、あるいは「逆境」に相当する、行動（活動）と行動（活動）とのあいだの〈間〉、竹でいえば「節」に相当する存在です。

〈間〉のいちばんの持ち味は、前後の行動（モノ）を結びつけながら相乗効果を生み出すという、モノゴトの継続性と進展性の要をなした点です。

成功のプロセスでいえば、いわゆる「逆境（むずかしい局面や壁にぶつかること）」がこれに相当します。したがって、これをいかに打開して生かすかが成功のカギを握るといっても過言ではありません。

それにはまず、困難や苦難といった逆境に対するイメージや考え方を一変させる必要があります。それらのいちばんの特徴は、次なる飛躍（事態の急激な進展）を生み出すところにあるからです。

ですから、S型人間（成功型人間）は「苦難、逆境大歓迎！」をモットーとしています。そして、その代表がわれらが龍馬です。

脱藩から薩長同盟実現までの道のりも、それに次ぐ大政奉還実現までの道のりも、決して並大抵の厳しさ、険しさではなかったはずです。しかし、数多くある龍馬について書かれた本のいずれをみても、龍馬が苦悩にあえいだり、弱音を吐いたり、落ち込むといった姿はほとんど見あたりません。

それどころか、大きな苦難に直面すればするほど一層意欲を燃やし、むしろ生き生きと楽しみながら取り組んでいるようにすらみえます。そして、不可能を可能にするような至難のわざこそ望むところと挑戦していく姿は、まさに男の本懐ここに極まれりの感すらします。

龍馬がいちばん苦しかったのは、海舟が失脚して、薩摩屋敷に身を寄せていた一時期です。海運塾が解散し、航海術の訓練をつづけることも、海運業をしようにも船がなく、陸に上がった河童同然の日々がしばらくつづいたのです。その頃、龍馬が詠んだとされる漢詩があります。

貧《ひん》するといえども、浮雲の富を求むるなかれ
窮《きゅう》するといえども、丈夫《じょうぶ》の志を屈するなかれ
矯々龍《きょうきょうりゅう》の如し、沈々虎《じんじんとら》の如く
身を潜め名を隠して、まさに一陽来復《いちようらいふく》を待つべし

龍馬の心意気がひしひしと伝わってくる詩です。

龍馬のすばらしいところは、万事に楽天的で創造的であることです。決して悲観的な見方はしません。すべてを暖かく包み込んで同化させてしまいます。そして「逆境」や「苦」も歓楽化させて生かしてしまうことです。

つまり、「逆境」には逆境の、「苦」には苦の固有の価値と持ち味があり、それを引き出して生かすことにおいてのみ真の意義がある、という行動哲学が龍馬の持ち味だということです。

言いかえれば、龍馬は「逆境」という〈間〉を生かす名人だということです。「一陽来復を待つべし」という詩の言葉にそれが象徴されています。

というのも、難しい局面や苦境を打開する最高の方法は、実はこの〈間〉を生かすことであり、事実、龍馬もそれによって、さっき述べた海舟失脚後に直面した苦境から見事に脱出することができたのです。その方法とはこうです。

●亀山社中の設立に結びついたアイデア

一般には、難しい問題を解くには、「念《ねん》・忘《ぼう》・解《かい》」という順序を踏むのが鉄則になっています。「念」とは、抱え込んだ問題を念頭に置いてあれこれ思案をめぐらし、煮詰めるだけ煮詰める段階です。

「念」の段階で解けない難しい問題は、いったん頭から離して忘れることが必要で、この段階が「忘」です。つまり、しばらくそのまま放っておく段階です。といっても、これは意識のうえで忘れているだけで、実際にはその間、問題は意識下に沈潜され、潜在意識の領域で引き続き問題は解かれているのです。

このように、問題を解いて行き詰まったら、いったん中止し、再び取り組むまでしばらく〈間〉を置くことが大切で、すると、気がつかない間に潜在意識の力が働いて、答えもしくはそれにつながるヒントを見つけ出してくれるのです。

そして、その答えかヒントを送り届けてくれる段階がすなわち「解」です。ただしこれは、時と場所や状態を選んで「ひらめき」というかたちで届けられるので、直観力でもってしっかりつかまなくてはなりません。

偉大な発見や発明はみな、この「念・忘・解」プロセスをたどって得られたものです。

龍馬の場合も同様です。この苦境をどう脱するか、何とか西洋船を手に入れる方法はないものか、と一所懸命考えて（「念」）は止め（「忘」）、止めては考えることも毎日繰り返していたにちがいありません。するとある日突然妙案（「解」）がひらめくというかたちでやってきました。

薩摩藩所有の西洋船を借入れ、これを龍馬ら同志で動かし、薩摩藩の役にも立てようというアイデアがそれです。

これが見事功を奏し、龍馬ら同志一同は、ようやく念願の船にありつけることになり、航海術の訓練に励みながら、薩摩藩の物資輸送に従事することになります。そして、これが亀山社中の設立、さらにはそれが布石となってあの薩長同盟の実現につながっていくのです。

四章

坂本龍馬

事を為す

8 わが為すことを知る

●時代を生きる

「時代を生きる」とは、その時代の流れに順応しながら、自分の持ち味を世の中のために発揮する生き方のことです。

龍馬は、今自分が「生きている」とはどういうことかをよく知っていた人物です。だからこそあのような偉業を達成できたのです。

「世の人は　われをなにともゆはばいへ　わがなすことは　われのみぞ知る」

この言葉は龍馬の名言のなかでも、とくに有名ですが、自分が生きて何をしなければいけないか、それをはっきり自覚した言葉といえるでしょう。

「世間の人は、私のことを言いたいように言えばいい。私がやろうとしていることは、私にしかわからないのだから」という意味で、自分のやるべきこと、生きる指針となるものは、たとえ周りの人が何を言おうとも、自分はまったくぶれないと、固い決意を表明しているのです。企業で働くビジネスマンのなかにも、この言葉を座右の銘にしている人が多いようです。

わたしたちもここでもう一度、今自分がこうして「生きている」とはどういうことかを考えてみることが大切です。

なぜなら、「生きている」ということは、まぎれもなく、三十数億年の生命進化の歴史の、また四〇〇万年にも及ぶ人類の歴史の最先端に立っているということ、そして常に明日にむかっていちばん新しい歴史を作り出すという光栄に浴していることに他ならないからです。

ですから、そのような途方もない歴史という財産を継承していることの重みと、その役割の大きさをまず自覚することが肝心なのです。

この歴史と共に歩んでいる自分、すなわち今まさにこの時代と一体となって生きている、という自分をいつも意識しながら生きていくことが非常に大事なわけです。これを私は「時代を生きる」と呼んでいるのです。

●世界に伍していけるような新しい国づくりをすること

あの幕末の動乱期の中で育った龍馬は、「今この時代にあって自分は何をしたらよいのか、一人の日本人としてできることは何か」をいつも真剣に考えながら決断し行動した人です。

またその前提には、

「世に生を得るは事を為すにあり」

という彼自身の残した名言にもあるように、人間はみなそれぞれ為すべき使命・役割をもって生まれてくる、という人間観あるいは人生観が彼の中には強く働いていたことが考えられます。

そして龍馬は、自分に課せられた使命は、「この日本という国と国民を守ること。

そのためには、世界に伍《ご》していけるような新しい国づくりをすること」にあると考え、このことを常に念頭におきながら、その実現にむけて邁進していったのです。つまり視線を常に未来（目標）におきながら、現在に対処するという姿勢を終始一貫くずさなかったということです。

このように、未来も現在もときには過去をも味方にするような、いわば時流に和すような生き方をしていくと、時流に乗って事がスムースに運んでいくように、時代はその意志（思）をもってさまざまなヒントや幸運を送り届けてくれます。龍馬が先見性や時勢洞察力にすぐれていたのも、そのことと無関係ではないでしょう。

●常に未来に向かって目指すものを持って生きる

この「時代を生きる」ことを心がけていくと、龍馬がそうであったように、目標の成就に役立つヒントやチャンスが次々と運ばれてきます。それを龍馬がしたように、しっかりつかみ、すかさず生かしていけば、ことは自ずと達成されることになります。

ですから、わたしたちも常に「目標」や「夢」や「ビジョン」といった未来に向かって目指すものを何か持って生きることが大切なわけです。それも二つ、一つは自分自身の人生の目標、もう一つは社会の一員としてのよりよい社会づくりのための目標です。そして、この目標にむかって時流を友として進んでいく生き方が、「時代を生きる」基本的な生き方といえるのです。

たとえばここに一本のローソクがあるとします。今それに灯をともすと、以後ローソクは一瞬一瞬終始一貫、灯をともしつづけ周囲を明るく照らすという、自分の使命を全うする。つまり、ローソクは灯がともってから燃えつきるまでの全部の時間を、自分の使命を全うすることに生かしたということです。

この全部の時間を自分の使命の全うに生かすことが、すなわち「時代を生きる」ということで、龍馬はまさにその代表であったというわけです。

●太平洋を眺めながら育った少年の日々がルーツ

龍馬の夢は、「日本の洗濯をする」ことでした。それは、形骸化《けいがいか》した旧体制を一掃し、新生日本をつくりだすという壮大な規模の夢でした。いわば、国際的視野に立った国家的規模の夢を龍馬は抱いていたわけです。
そして幕末維新の歴史に一本太い筋金を通す大車輪の活躍となったわけですが、それができたのも、その規模に相応しい、あの勝海舟、西郷隆盛らの英傑をはじめとする多士済々《たしせいせい》の面々による強力な後押しが得られたからです。

夢を描くことは男のロマンとよく言われますが、龍馬もたいへんなロマンチストであったように思えます。彼があのような壮大な夢を描いたこともそのことと無関係ではないでしょう。そしてそのルーツは太平洋を眺めながら育った少年の日々にあったのではないでしょうか。

龍馬は少年時代に、乙女姉さんと小舟に乗り、鏡川から浦戸湾口にある仁井田《にいだ》の川島家によく行き、太平洋を眺めていたといいます。
また郊外の坂本山の山番をしていた田中家へもよく遊びに行き、八畳岩《はちじょういわ》の上から、これまた太平洋を眺めながら親友の田中良助とよく酒を酌み交わしながら議論していた、といわれています。

茫洋とひろがる黒潮の海を眺めながら、水平線の彼方に夢を馳せる少年龍馬に向かって、郷里《ふるさと》の海はきっとこう語りかけていたのではないでしょうか。

「この海に負けないような壮大な夢を描け」と。

9 自分の力を知る

●自己肯定型人間に変わった龍馬

龍馬は、人の真の能力とは何かを、また人の本当の値打ちとは何かを示してくれた、かけがえのない人物です。

幼少のころの龍馬は、前述したように、後の龍馬とは似ても似つかぬ、いわば、ひ弱なうすのろの子という印象が強い。末っ子で過保護に育てられたからといわれますが、近くの塾に通わせ、四書五経や習字を習わせましたが、意欲が乏しく、やる気が出ない。そんなわけでみんなにもついて行けず「落ちこぼれ」の汚名をさせられ、仲間からもばかにされ、今問題になっている「いじめ」の標的にされ、よく泣かされてばかりいました。まさに「自己否定型人間」の典型でした。

それが大きく変身するきっかけとなった一つは、前にもふれたように三歳年上の姉乙女の薫陶《くんとう》です。

彼女は龍馬に剣術、馬術、水練などの手ほどきをし稽古相手になりました。龍馬は少しずつ腕を上げ自信がついてきました。体も丈夫になりました。

「体」の訓練が龍馬の場合にはよかったのです。

「不登校児の中には、他人より体力が劣っているために、いじめられたり、朝起きれないとか、頭痛がするという子どもがかなりおります。こうした子どもたちに、剣道や合気道を学ばせ、体力をつけることにより立ち直れた例を多く経験しています。『自尊心』の養成には、精神力の前に十分な体力の涵養が必要なのです」

と、医学博士の永田勝太郎氏も『脳の革命』（祥伝社）という著書の中で述べているように、龍馬が立ち直ったのは、体を鍛えたことにより「自尊心」を修得したことです。

それは十四歳になって通い始めた日根野道場で修業をつむことにより、いっそうゆるぎないものとなりました。こうして「自己肯定型人間」坂本龍馬が誕生したのです。

このように、自己肯定型と自己否定型の根本的な違いは、「自尊心」が確立できているか否かの違いにあるということです。中学校で習う数学の「三平方の定理」で有名なギリシャの数学者で哲学者のピタゴラスが、いつも弟子たちにむかって「万事に先んじて、汝自身を尊敬せよ」と言っている所以もそこにあります。

ところが、一般にはどうかといいますと、「人生のほとんどすべての不幸は自分に関することがらについて誤った考え方をすることから生じる」（スタンダール）ということを知らずに、自分が本来すばらしい人間であることに少しも気づかず、自分をダメ人間だと勘違いをしている人が断然多いのです。

●龍馬の「自尊心」に裏打ちされた「他尊心」

同じことは龍馬についてもいえます。龍馬もやはり奇跡的な存在としての貴重な自己を自覚していたからこそ、あのように徒手空拳をもって歴史の波濤に挑むことができたのではないでしょうか。そして、その根底には、少年の日に培った「自尊心」が大きな力となって働いていたに違いありません。

人間は自分が尊敬に値する価値ある人間であることを自覚したときに、初めて人間らしい生き方、すなわち自己実現の道を歩み始めるからです。

そして、真に「自尊心」の持ち主は「他尊心」の持ち主でもあるということです。自分の値打ちを認めると同様に、他人の値打ちも認めることができてこそ、初めて本物の自尊心の持ち主といえます。龍馬がその典型です。

龍馬は数多くの人に出会っていますが、誰一人として粗末な扱いはしませんでした。また人の生命の貴重さを人一倍心得ていましたから、無益な殺傷を極力きらい、北辰一刀流の免許皆伝の腕前ながら、刀を抜いたことは一度もありませんでした。彼の剣術は〝活人剣〟として生かされたのです。


それについてはエピソードがあります。

龍馬が、武市瑞山（半平太）と江戸で剣術修業をしていたときのことです。瑞山とも龍馬とも親戚で、瑞山と同じ桃井道場に通っていた山本琢磨《やまもとたくま》という若者が不祥事を起こしたといって、瑞山が相談にやってきました。

琢磨が酒を飲んだいきおいで盗みを働いたというのです。琢磨はほとんど酒をやらない堅物《かたぶつ》なのにおかしい、きっとわけがあるに違いないと龍馬は思いました。

案の定、連れがいたのです。桃井《ももい》の塾生・田那村作八《たなむらさくはち》です。作八は酒癖が悪く、酔うと見さかいなく人にからむ。その夜も通りがかりの商人と喧嘩をし、そのあげく、高価な時計が二個も入っていた風呂敷包みを奪ってしまいました。

それを酒代に代えようという作八にひきずられ、琢磨も一緒に古道具屋にもっていきました。しかし、すでに盗品届けが出回っていて、琢磨が藩名と姓名を告げたことから足がつきました。被害者の商人は、早速、土佐藩邸に事の次第を訴えました。

藩邸でも、問題を重視し、桃井道場の塾頭をしていた武市瑞山に処置を委ねました。そこで藩士たちの意見を聞くと、「盗人同然の行為で藩の面目を汚したのだから、切腹が当然」と強硬意見が多い。厳格な瑞山も、切腹もやむなしと思いながら、龍馬に相談に来たのです。すると龍馬は言下に反対しました。

「一時の出来心でしたことである。腹を切らすことはない」

その上で龍馬は瑞山と一緒にその商人を訪ね、心から不始末を詫び、時計を返しました。真心が通じて、商人も事件を水に流してくれました。

龍馬はその夜、琢磨を藩邸から逃亡させました。

「なるたけ命は惜しむべし、二度と取り返しのならぬものなり」(『英将秘訣』)という彼の考えを実行したのです。こうして一人の若者の命が救われたのです。

その後、琢磨は、北海道に渡りキリスト教に帰依し、大司教の地位にまでのぼりました。

龍馬が、出会った人々を次々に虜《とりこ》にしてしまう大きな理由の一つは、この自尊心に裏打ちされた他尊心にあるといえるでしょう。多くの人の共感を呼び、多くの人の協力を得るには、これが不可欠です。龍馬はそのことを見事に実証してみせたのです。

●名コーディネーターだった龍馬

人に備わった能力は、あくまで事を為すための道具のようなもので、重要なのは能力を用いて成し遂げる「仕事」のほうです。

人に能力がどれだけあるかを知る方法は、ただ一つしかありません。事を為した結果で初めてわかるということです。

龍馬のように、大きな仕事を成し遂げたときに、初めてその人に能力があったことがわかる。たとえ天才でもその才能を活用しなければ、能力はないのと同じこと。だから自分に足りない能力があっても、持っている人から借りればいい。

自分にはない能力がある人たちを、人脈として持っていることも、その人の大きな「能力」といえるのです。

そのことを実に見事に示してくれたのが、他ならぬ龍馬です。龍馬はおそらく、「世の中のために生かせるものは、自分も他人も物もすべて能力。肝心なことは、それをいかに有効に活用するかである」

という広い視野で考えていたに違いありません。

またその背景には、「万物は一体、お互いに相和し、生かし合うところにこそ存在の意義がある」とする自然観が働いていたように思えます。そうでなければ、あのように人や物を自在にコーディネートし、事を為すことなどとてもできません。

龍馬のコーディネートの成果の一つが、薩摩藩と長州藩の橋渡しです。

長州を中心とした攘夷派が京都で兵を挙げた禁門《きんもん》の変では、会津藩や薩摩藩に長州藩は抑えられ挙兵は失敗。薩摩と長州は犬猿の仲で憎しみあう関係になっていました。

その二つの藩を同盟させた「薩長同盟」※も、お互いをどう生かし合うかという〈和〉の精神とコーディネートの本旨から出た発想です。

龍馬の偉業は、ことごとくこのコーディネートの能力の発露といってもよいくらいです。

維新回天のために、「薩摩」と「長州」をコーディネートし雄藩連合をつくる。次に、それを実現するために、西郷隆盛、勝海舟、桂小五郎※、中岡慎太郎らの英傑、亀山社中、交易といった人や物をコーディネートするというように、自分の頭の中にある先見力や企画力と、外にあるさまざまな能力を総動員しながら事に対処していくのが、龍馬一流のスタイルであり能力なのです。

またそれによって、すべての人の能力や持ち味を生かしたのが龍馬でした。

ですから、龍馬のような名コーディネーターは、業績を独り占めしたり、私利私欲に駆られたり、自分だけが輝くようなことはありません。事を達成した喜びはみんなで分かち合ったのです。

※薩長同盟（さっちょうどうめい）

一八六六（慶応二）年一月、薩摩藩と長州藩の間に結ばれた軍事同盟。禁門の変で諸藩連合に敗れた長州藩と、長州征伐に加わった薩摩藩は敵対していたが、龍馬は薩長和解への工作活動に尽力する。龍馬や亀山社中の働きによって、両藩は和解し、同盟を結ぶ。このときの長州藩の責任者は桂小五郎だった。この同盟によって、第二次長州征伐では、薩摩藩は長州に味方し、幕府軍が敗れる。

※桂小五郎（かつらこごろう）

一八三三（天保四）～一八七七（明治一〇）年。長州藩士。吉田松陰の門下で、兵学を学び、尊王倒幕運動を指導した。剣の修業を通して、龍馬とはよきライバルだった。禁門の変の後、京都を脱出、但馬に潜伏した。龍馬は桂に、当時長州藩と仲が悪かった薩摩藩が力を合わせることが倒幕につながると説得。桂はこれを聞き入れて、薩摩藩の西郷隆盛との会談で薩長同盟を結んだ。後に木戸孝允と名前を変え、明治新政府の要職についた。近代化のリーダーシップをとったが、西南戦争の最中に病没した。

●自ら率先してリーダーシップを取り、人材ネットワークをつくれ

次の言葉には、龍馬の信条が表れています。

「事は十中八、九まで自ら之を行い、残りの一、二を他に譲り、以て功を成しむべし」

事を成すには、まず十中八、九までは自分が手を下して行ない、残りの一、二は他の者にゆずり、功をみんなで分かち合うように心がける気配りが肝要と言っているのです。

ですから、龍馬のモットーは率先垂範《そっせんすいはん》、まず自分からすすんでリーダーシップをとるところにあります。

そうでなくては誰も力となって働いてはくれません。やはり人を魅きつけるだけの

器量と裁量、人望と人徳あってのコーディネートです。人脈あってのコーディネートです。

龍馬は生来の天衣無縫《てんいむほう》の人格と、柔軟自在な発想力と無比の実行力をもって、その人脈づくりに人一倍努力し、超一流の人材ネットワークという強力な外部能力を得ると同時に、それを見事に活用し、一つひとつ事を為していったのです。

ことに今日のような情報化の進んだ時代には、いかに多くの人たちの協力が得られるかが、仕事の大きさや内容、能力の決め手となります。ですから、単に頭の回転が速いというだけではダメで、加えて人柄や人望、仕事に対する姿勢や熱意、将来に対するビジョン、生き方のスタイルが重要となるのです。

10 日本人の魂を知る

●異質なものを結びつける日本人独特の間の構造

龍馬は、日本人固有の最高の持ち味（至宝）は何かを、よく知っていた人物といえます。実際にそれを自在に引き出して自在に活用してみせたからです。その意味では、日本人としての魂を、最も持ち合わせていた人間といえるでしょう。

わたしたち日本人は、〈水〉と〈火（太陽）〉に象徴される民族であると言われています。遠い神話の時代から、日本の神は、「水中」から生まれた神と「火中」から生まれた神の両方であると、『古事記』にも記されています。

また事実、資源の乏しい日本にあって、豊富にあるものと言えば〈水〉と〈太陽（火）〉の二つだけ、それに「人（知的資源）」でしょう。

日本人の心の基層には、「火と水」、「内と外」のような対極的なものや異質なもの同士を結びつけ、あるいは融合させ、よりすぐれた新しいモノを作り出したり、相乗効果を生み出す「〈間〉の構造」という創造機構が備わっているのです。

ここが西欧人とは根本的に違うところです。

ヨーロッパの演劇には監督が、オーケストラには指揮者が中心にいて、リーダーシップをとっているのがその表れで、したがって、監督や指揮者が替わると上演や演奏の仕方もがらりと変わります。

企業や国家の場合でも、社長や大統領が主導権を握っていて、代表者が替わると運営の仕方や輩下のメンバーもがらりと変わるのが普通で、「中空均衡型」とは全く対照的です。

日本では、歌舞伎に監督はいませんし、雅楽にも指揮者はいません。

このように、日本人の最大の特長は、この〈間〉の構造を備えているところにあるのです。

その証拠に、〈間〉は、日本人が最も大切にしているものの一つで、生活様式や文化や芸術の中に深く根を下ろしています。「間が抜ける」「間が悪い」「間を置く」「間に合う」「間違う」「間をもたす」「間を欠く」といった言葉や、「絶え間」「束の間」「波間」「風間」といった言葉が、日常使われていることからもそのことがうかがえます。

●龍馬のバランス感覚が統一国家の道を拓いた

では、〈間〉がなぜそんなに大切かといいますと、事物の構成は常に「表現部分」と「余白・空白の部分」、「運動」と「停止」、「持続」と「分節」というように、相補的、共生的な関係が成り立っていて、両者がうまくバランスしながら機能すると、そこには相乗効果が生まれ、人の心を感動させる活力が生まれるからです。

野球の投手が投げ下ろす前に一呼吸「矯《た》め」を置くのも、テニスでサーブを打つ直前に一拍動作を止めるのも、この〈間〉の活用にほかなりません。一連の動作の中に一息〈間〉をとることによって、流れがせき止められ、却って力が蓄積され、ボールに加わる力もそれだけ増すというわけです。

このように〈間〉には、「飛躍」をはじめ、さまざまなものを生み出す計り知れない可能性と力（エネルギー）を秘めた特性が備わっているのです。

ですから、この〈間〉をどれだけ活用するかが、大きな意味をもってきます。

そのことを歴史的な規模で実証したのが、龍馬です。彼はまさに〈間〉を生かす名人というにふさわしく、人と人との〈間〉を生かしながら時代の〈間〉（幕末維新の転換期）を生かし、近代国家の基を築いた大立役者なのです。

〈間〉の力が最も発揮されるのは、〈間〉をはさむ両者がうまくバランスしたときですが、龍馬はバランス感覚にじつにすぐれた人物でした。

対外的にも、国内においても、アンバランスだらけの幕末維新の動乱期を、見事なリーダーシップで統一国家への道を拓いたのも、ひとえに龍馬一流のバランス感覚の才にあるといっても過言ではありません。

龍馬の〈間〉を生かす優れたバランス感覚と共生思考は、郷士《ごうし》という「商人」出の「武士」であったことも無関係ではないでしょう。「士農工商」の頭とシッポの両面が彼の頭の中でほどよく融合したことも手伝っていたように思えます。

今日の商社にあたる「亀山社中（後の海援隊）」の設立や、あの「薩長同盟」の実現という卓抜な発想は、バランス感覚に根ざした共生思考のたまもので、直線的な通常の考え方からは生まれない着想です。

ことに「薩長同盟」のように、理論や理想に走りがちなタイプの長州と、現実を重視するタイプの薩摩という全く対照的なうえに、当時敵対関係にあった両藩を同盟させるなどという逆転の発想は、龍馬のようなバランス感覚にすぐれた者にして初めて可能なことです。

しかもそのやり方が実に理に叶っているのです。つまり、双方が直接顔を合わせる前に、亀山社中（商社）を生かして、双方が必要としている物資を交換し合うことにより一本太い絆を平和的に結んだことです。

当時長州は、幕府の監視がきびしく武器の購入に難渋していました。そこで薩摩藩の名義で購入して長州に流し、一方薩摩は上京する藩兵の糧米を必要としていたので、それを下関で引き渡すということで、見事に取引きを成功させたのです。

政治（ハード）交渉の前に、まず経済（ソフト）でワンクッション置いて、この両者のバランスを生かした発想によって薩長同盟は初めて実現したのです。

●「大政奉還」を生んだ龍馬のバランス思考

「大政奉還」※のケースにしてもそうです。大半がそうであった勤王か佐幕か、親幕か反幕かといった、物事を対立的にとらえるバランス感覚を欠いた「木を見て森を見ない」発想からは出てこない方策です。

対立ではなく双方を融合させるという、対立を超えた高度なバランス思考から生まれた方策が大政奉還だったのです。

というのも、龍馬の頭の中に常にあったのは、この日本をいかにして先進国に伍していけるような近代国家につくりあげるかということです。

それには旧来の幕藩体制は、もはや時代おくれ、いったんこれを解体し、同じ土俵の上でこれに代わる新体制づくり、すなわち「船中八策」にうたわれているような立憲的国家体制でなければならないと考えていたのです。

そして、諸般の状況から幕府の命運ももはやこれまでと読んでいた龍馬は、武力倒幕を極力防ぎ、平和裏に政権を朝廷に委譲させることを考えていたのです。その施策が大政奉還だったということです。

※大政奉還（たいせいほうかん）

江戸幕府が国の政治を朝廷に返したこと。龍馬の船中八策の中心となる考え方だった。土佐藩の役人だった後藤象二郎は、藩主・山内容堂に龍馬が考えた大政奉還をすすめ、容堂は、土佐藩の意見として幕府に提案した。一八六七（慶応三）年、一〇月一四日、一五代将軍・徳川慶喜は、土佐藩の提案した大政奉還を受け入れることを決断。使者を朝廷に参内させた。翌一五日、大政奉還が成立した。幕府解消の表明により、王政復古、戊辰戦争へとすすむことになった。

●偉くなるほど謙虚で、成功するほど控えめであれ

もう一つ、龍馬のすぐれたバランス感覚の表れは、「激動」する時代（状況）に対して、決して慌てたり、浅慮におちいることなく、沈着、冷静に熟慮して即決できることです。つまり、世の中の動きが目まぐるしく動けば動くほど、逆にいっそう冷静

に状況を見つめ、じっくり考えたのち、即決するという、「動」と「静」とのバランスが実によくとれた対応をしていたことです。

たとえば、「桜田門外の変」で大老の井伊直弼《いいなおすけ》が暗殺されたとき、土佐の龍馬の仲間たちは強い衝撃を受け、興奮状態にあるのを見て、龍馬はこう言っています。

「諸君、なんぞ徒らに慷慨するや。是れ臣子の分を尽くせるのみ。我輩、他日事に当たる。また此の如きを期せん」

また龍馬は誰からも好かれ、慕われていますが、理由の一つは、どんなに社会的地位が上がったり、有名になっても、けっしてそれを鼻にかけたり、人を見下したりしなかったことです。

誰とでも対等に付き合い、部下を大事にし、ときには、女、子どもとも親しみ、よく怪談噺などをきかせ愛嬌をふりまいていたそうです。困っていた人を助け、弱い立場の人を大切にするなど、義理人情にもあつく、また数々の偉業を達成しても、決しておごり高ぶることなく常に淡々としていました。

このように、龍馬は、偉くなるほど謙虚に、成功するほど控え目にふるまうというバランス感覚にも優れた人物だったのです。

●〈間〉は〈和〉の本源

「薩長同盟」の例でもわかるように、〈間〉を生かすことは、自然の原則から発した最高の知恵ですから、善循環が生まれ、すべていいことずくめです。両藩の憎しみやわだかまりが解消し、両藩に恵みをもたらし、両藩の同盟が実現し、そして明治維新をもたらし、それが新しい日本の礎となったことはすでにご存知のとおりです。

その意味では、〈間〉は〈和〉の本源であるといってもよいかもしれません。

そこで次に、人と人との〈間〉の生かし方に深く関わる〈和〉について述べることにします。

水田耕作を生業《なりわい》としてきた日本人の心には、自然の摂理（ルール）に素直に順応していくのが繁栄をもたらす正しい生き方、これに背くことは破滅につながる愚かな生き方、という真理が自ずと根づいてきました。

なかでも〈和〉を重んずる精神は、自然の摂理のなかでも最も重要なものでした。

そもそも自然の摂理を受け容れる（順応する）こと自体が、〈和〉の根本精神にほかなりません。

「『和』という字は禾（のぎへん）と口でできています。禾は禾木科植物で食料のこと、口とは人口のこと、つまり食料と人口はバランスしている状態が『和』なのです。日本人は古来から人と人との調和のみならず、自然と人間との調和、自然と自然との和が保たれていたので豊かな安定した国でした。……」

と、文化人類学者の清水馨八郎先生も述べているように、この大自然の秩序は〈和〉によって保たれ、バランスがそのバロメーターになっています。そして、この〈和〉の精神を最も重んじて生かしているのがわたしたち日本人なのです。

わが国が世界一の治安国であることもその表れです。

〈和〉の根本は、相手（人やモノやコト）を受け容れるところにあります。この〈和〉を重んずる日本人の精神（特性）は、日本人固有の〈間〉の構造に由来し、〈間〉に相当する空白の部分に、あらゆるものを受け容れて生かす智恵をわたしたちの先祖は培っていたのです。〈水〉と〈火〉を仲介、融合させ「水田耕作」を生み出したのも、この〈和〉の精神の発露にほかなりません。

●和の神髄を自然に実践していた龍馬

龍馬ほど〈和〉の精神を尊び実践した人間もめずらしい。

維新回天の成功もそのことに尽きるといえるくらいです。

まず第一は、多くの人たちや書物から、多くの必要な事柄を積極的に学び取り、即活用したことです。

龍馬は、佐久間象山、河田小龍、勝海舟、横井小楠等から、積極的に教えを乞い、聞くべきときには聞く一方、読むべきときには『大日本史』『史記』『資治通鑑』などを読み、ときには蘭学塾へも通い、自己啓発と自己変革に励んでいたのです。

第二は、多くの人やモノをどんどん積極的に受け容れ生かしたことです。方法は二つ、一つは自分から進んで相手のふところに飛びこむことにより、結果として相手を受け容れることになる相対的な受け容れ方（以下相対受容法と呼ぶ）、もう一つは相手の方からくるのを素直に受け入れる直接的な受け容れ方（以下直接受容法と呼ぶ）

です。

いずれも謙虚な心をもって相手を尊重し、相手を立て、相手を生かすことを先行させること、この〈和〉の精神の真髄を龍馬はごく自然に実践していました。これが人脈作りの秘訣です。

ただしここで重要なことは、相手を生かすことは、即自分も生かしているということで、決して相手だけにウエイトを置いているのではなく、あくまで順序として相手をまず先に立てるということです。

勝海舟との人間関係はまさにその見本です。龍馬と海舟の出会いの経緯、理由については いろいろな説がありますが、通説としては、江戸の越前藩邸に押しかけていって藩主松平春嶽に会い、横井小楠と勝海舟への紹介状を書いてもらい、海舟を訪ねていったことになっています。つまり、龍馬は自分から進んで相対受容法によって海舟との〈和〉を結び、弟子入りをしたわけです。

そして弟子として海舟の手足となって東奔西走することになりますが、それがスムースにいったのは、龍馬の心の中に、自分が海舟の使者として精力的に働くことが、今の自分を生かし最善の道であり、同時にそれは海舟をも生かす道でもあるという、まさに〈和〉の精神そのものがそこにあったからでしょう。つまり、ここでは直接受容法のかたちで〈和〉を生かしていたわけです。

この〈和〉を一〇〇パーセント生かす龍馬の生き方が、〈和〉が〈和〉を招くの理にしたがって、次々と新しい人との〈和〉を生み出すことになります。

横井小楠、西郷隆盛、桂小五郎らとの〈和〉がそれです。そして、この一つひとつの〈和〉がやがて大きな〈和〉に結集することによって、あの「薩長同盟」が実現することになります。

私は、このような龍馬の〈和〉の生かし方を、〈小和〉を次々と結び重ねて〈大和〉を作り出す「念珠《ねんじゅ》和法」と呼んでいます。

念珠（数珠）にたとえると、勝、西郷、桂といった英傑たちは、さしずめ一つひとつの「珠（小和）」で、それらのまん中を一つひとつ通しながら念珠（大輪・大和）を作り出している一本の「糸」が龍馬ということになります。

つまり、珠と糸が十全に機能して円くおさまって事は成るということです。

言いかえれば、ことを成就させる秘訣は、〈大和〉を生み出すことで、それには「珠」と「糸」の役割をする人が必要で、どちらが欠けても事は成らないということです。

●共生思考で成功させた「薩長同盟」と「大政奉還」

〈和〉の精神に関連して、日本人にはさらに優れた「共生思考」と呼ばれる思考法があります。すでに述べたように、この世界の大きな特徴の一つは、二つの対照的（対極的）なもの同士が一対で存在し、両者は互いに補完しあいながら機能していることです。

「西洋と東洋（日本）」「ハードとソフト」「体と心」「不易流行」といった関係がそれですが、日本人はこの共生的な関係を生かす考え方を世界で最も得意としている民族なのです。わたしたちには〈間〉の構造が授かっていて、異質なもの同士を融合させ、両方の持ち味を生かして新しいものを生み出すという卓越した知恵があるのです。

たとえば、「障子《しょうじ》」。日本は障子文化の国ともいわれるくらい、障子は日本文化、日本人の心情を象徴するものです。障子は、人目や風を遮断《しゃだん》しながら光を通す、たった一枚の紙でできた日本固有の仕切りです。光を全部通すのではなく、半分遮断しながら半分通すというように、「断」と「通」、「内」と「外」、「陰」と「陽」、あるいは「明」と「暗」といったバランスが程良くとれた、まことに奥ゆかしい建具です。そこから漏れ入る「うす明かり」の醸しだす陰翳の妙は、日本人の美意識そのものだといえるでしょう。

この共生思考を歴史的に活用した見本が坂本龍馬です。「ソフト（経済）」と「ハード（政治）」をうまくバランスさせる手法で成功させた「薩長同盟」についてはすでに述べた通りです。

もう一つは、後藤象二郎との名コンビで実現にこぎつけた「大政奉還」です。当時龍馬と後藤は、いわば仇同士の間柄で、コンビを組むことなどとうてい考えられないことでした。

しかし国の大事を前に、そうした私事は後回しし、とにかく今は土佐の重役である後藤の地位とすぐれた実務能力の才をかりて、藩主で幕府の重役でもある山内容堂を動かすことが先決と考えた龍馬は、さっそく過去を水に流し、後藤と〈和〉を結び、敵味方を越える〈大和〉の精神で事にのぞんだのです。そのおかげで、大政奉還は叶ったといえます。

また、「和魂洋才」を基本方針として貫いたのも龍馬です。

「和魂洋才」とは、伝統的な日本文化に、まったく異質（対照的）な西洋文化を融合させ、これを日本的に消化し、より優れた和文化を作り出す考え方をいいます。

イギリスの有名な文明評論家をして「世界史上、最大の驚異は、明治以降、急速に文明国家となった日本の躍進だ。われわれの常識では、到底理解できないことだ」と言わしめた明治年間の日本の急成長、また世界中を驚嘆させた戦後の急激な経済発展の基は、いずれも西洋文明の輸入にありますが、ただ受け容れたのではありません。あくまでも日本人固有の〈間〉の構造の下で咀嚼《そしゃく》し、必要なものだけを受け容れ、よりすぐれた日本的なものにつくりかえる方式をとったことが大きな原動力になっています。

11 高い視点から見る

●日本人を越えて宇宙人

いま突然「あなたは何人《なにじん》？」と、きかれたら、反射的になんと答えますか？

私はときどき学校からの依頼で中学生や高校生たちに講演をすることがありますが、そのときに決まってこの質問をします。

すると案の定、ほとんどの生徒が「日本人」と国籍で答えます。そこで「日本人」と答えた人は六〇点、「地球人」と答えた人は八〇点、「宇宙人」と答えた人は一〇〇点という話をしました。

そのわけは、「日本人」という答えは、あくまでも地球あっての日本、宇宙あっての地球であることからすれば、日本人である前に地球人、地球人である前に宇宙人であると考えるのが、自然な考え方だと言えるからです。

それに、「日本人」と答えた人はいつも日本という視野で物事を考えることがパターン化しているのに対し、「地球人」と答える人は地球儀を頭に浮かべながら地球的視野で、また「宇宙人」と答える人は常に宇宙的視野に立ち、より広く物事を捉えるように思考パターンができ上がっており、それだけ正しい見方ができるからです。

ところが実際には、「宇宙人」と答える人は稀で、「日本人」と答えるのが当たり前のようになっていますが、日本人と答える生徒も、たまたま「なに人？」と聞かれたので、そう答えたのであって、普段から日本人としての自分を意識しているわけではありません。したがって、視野も当然日本よりもずっとせまく日常生活の範囲にとどまっているのが普通です。

なぜこういう話をするかといいますと、明治維新や今日のような時代の変革期には、視野を広げることがとりわけ必要とされるからです。

維新回天も、龍馬が土佐藩という一つの藩の中にとどまっていたら、まず成功しなかったでしょう。藩から国へ、国から世界へと、次つぎに視野を広げ、物事を常に大所高所から見ることを心掛け、適切な手を打ったことが、その大きな原動力になったはずです。

そういう能力のことを「ヘリコプターセンス」といいますが、なぜこのセンスが今必要かといいますと、変革期のような従来のものとは違う斬新なものを生み出すことが必至とされる時代には、ただ地上を歩きまわるだけの常識的な発想（考え方）だけでは、新しいモノを見つけ出すことはむずかしく、一転空を飛び、高い視点から見るという超常識的な発想（考え方）によって、初めてそれが発見できるからです。

●超常識的発想から生まれた「亀山社中」「薩長同盟」

龍馬の行った偉業も、ことごとくこの常識を打ち破る超常識的な発想によるものです。たとえば「亀山社中」、これは武士がつくった日本最初の株式会社、今でいえば商社のようなものです。武士が会社をつくって商いをするなどという発想は、前代未聞の正に超常識的な発想というべきです。これが後の「薩長同盟」や「船中八策」への布石となるのです。龍馬の最高傑作でしょう。

その「薩長同盟」も超常識的な発想のたまものです。犬猿の間柄であった薩摩と長州の両藩を同盟させるなどという、いわば不可能を可能ならしめる芸当は常識的にはとても叶いません。それがなぜ叶ったか、一言でいうと、ソフト（商い――経済）とハード（外交――政治）をうまく両立させるという、まさに「宇宙の法則」を地で行く超常識的な発想を駆使したことによるものです。

また龍馬は人間関係のトラブルに対してもヘリコプターセンスを発揮しています。

こんなエピソードがあります。

あるとき、海援隊の同志が、越前藩脱藩の小谷耕蔵が佐幕論者であるので除隊すべきだ、と龍馬に迫りました。龍馬は答えました。

「海援隊は政治研究所ではない、航海貿易という結社である。主義の異同は敢えて問わない。隊中唯一の佐幕の士を同化することができんでどうするか」

と叱った。一同は鎮まり、小谷はますます龍馬の徳に服しました。

また同じ頃、海援隊の水夫と幕府の水夫とが長崎において些細なことで衝突しました。海援隊士はこれを聞くと怒って報復をはかろうとしましたが、龍馬はこれを制して中島作太郎（信行）を使者に立てて幕船に赴かせて言わせました。

「今日、我国は航海術を振興すべき秋《とき》である。然るに船乗り同志の喧嘩などは双方にとっても益なきこと、貴下に異存なくんば双方の隊長が円満に落着さしては如何に」と。

殴り込みを予想していた相手側は、意外の申し入れを受け、直ちに解決しました。

（『坂本龍馬・男の魅力』宮地佐一郎）

このようなヘリコプターセンスは、今のわたしたちに最も要求されるものの一つです。従来の常識を超える発想が至る所で要求されるからです。さっきの日本人、地球人、宇宙人の話などはその典型です。

●自然の摂理に順応した生き方に徹する

私たちは、個人（自己）から日本へ、日本から地球へ、地球から宇宙へと視野をひろげると同時に、個人（自己）、日本、地球、宇宙のそれぞれについても視野をひろげ、より正しい知識を修得することが要求されていることに気づかねばなりません。

たとえば、個人についても、自分自身について乏しい知識しかない人（視野の狭い人）は、自分を粗末に扱い、いい加減な生き方をしています。反対に視野の広い人（真の値打ちを知っている人）は、自分を尊敬し、生き生きと社会に役立つ仕事に励んでいます。このように自分自身についてすら視野の広さによって生き方が、がらりと違ってしまうのです。

同じように、日本人であることを常に自覚し、日本について視野を広げていくと、すでに述べたように、日本人であることがいかに恵まれたことであるか、またいかに大きな使命を担っているかもわかり、生き方も自ずと変わるはずです。

地球人についても同様です。地球人としての自己意識を確立し、地球についての視野を広げていくと、地球も人間の脳によく似た生命体（グローバルブレイン）で、人間一人ひとりが、いわば脳細胞の一つひとつに相当していることがわかります。そして、その生命体が今重い病に苦しんでいること、そのいちばんの原因は、脳細胞であるわたしたち人間が正常な機能を果たしていないところにあることなど重要なことがわかるので、地球との一体感もより身近になり、したがって、生き方の質も自ずと変わるはずです。

さらに今は、宇宙に視野を広げ宇宙人としての自分を常に意識して生きていくことが求められる時代です。なぜなら、すべては宇宙に始まり、その大いなる意思と秩序の下に森羅万象は生起しているので、本当はいちばん最初にここに目がいかなくてはいけないはずだからです。

もしそこに目がいけば、わたしたち人間も、宇宙によってつくり出され、宇宙によって生かされている宇宙的存在であること、したがって、宇宙の法則（ルール）を知り、それに素直に従っていくことが、人間としての最も自然な生き方であるとわかるはずです。またそれがわかれば、地球脳の脳細胞も正常な機能を発揮するようになりますので、地球も自ずと健康体を回復するはずです。

その意味で、龍馬を知ることはきわめて意義深く、かつ有効であるといえます。すでに述べたことや、これから述べることでもわかるように、龍馬ほど日本人らしい生き方、すなわち自然の摂理（宇宙の法則）に順応した生き方をした人もめずらしいからです。

五章

坂本龍馬

世の為、人の為に尽くす

12 人生の大きな目的

●「社会的進化」と「個人的進化」の達成を目指す

「仕事の目的は何か?」と問われれば、「生活の糧やお金を得ること」という答えがまず浮かぶはずです。しかし、それでは仕事の本質を見据えていることにはなりません。

龍馬が日本の歴史を変える大仕事ができたのも、仕事の本質は何かをよく知っていたからです。

そもそも「仕事」という言葉は、「仕」の字も「事」の字も「つかえる」と読み、本来は、「神様につかえる」という意味の言葉なのです。したがって仕事はけっして軽々しく考えるべきものではなく、崇高なものであるはずなのです。

仕事は、人生の二つの大きな目的である「社会的進化の達成」と「個人的進化の達成」と深い関係があるということを心得なければなりません。

この二つの目的は、二つにして一つの共生的な関係にあります。わたしたち一人ひとりが社会を形成し、その社会によってわたしたちが生かされている関係からすれば当然でしょう。

わたしたち人間は、それぞれ独立した個人であると同時に、社会を構成しているメンバーの一員であり、各々は互いに生かし生かされる関係にあり、この関係がバランスよく機能するとき、個人も社会も共に進化発展していく。これを「共生進化」といいます。

共生進化を目指すには、まず社会に役立つことが大切です。一般に、世のため人のために役立つことをすることを「陰徳を積む」あるいは「積徳」と言いますが、人間、「徳」を積まないと、自分を向上（進化）させることも、りっぱな仕事をすることもできません。どんなに頭がよくても徳分が足りないと、その頭のよさも生かされないのです。

このことを教えてくれるのは、じつはわたしたちが常に行っている「呼吸」なのです。呼吸は、まず息を呼《は》くことによって吸うことができる。この呼気と吸気の関係は「陰陽の理法」で、まず呼気が先にあります。

息を呼くことによって体内にあるものを外に出す。いわば与えることです。与えることが先にあって、初めて吸うことができる。それによってわたしたちは生かされているのです。

この呼吸の「呼」と「吸」の関係に相当するのが「社会的進化」と「個人的進化」。まず社会に与えることによって、初めて個が生かされる。この両方の進化達成のための手段が、「仕事」であるのです。

●利他の行に徹し徳を積むことで器を大きく成長させた

たとえば、セールスの仕事をしてお客さんに喜んでいただくことは、社会のためになることです。それには、お客さんに信頼されるように自分を磨くことが不可欠です。そこで、仕事は社会と個人両方が進化していくための牽引車になっていることがわかります。つまり、仕事は人生の目的そのものであるということです。

龍馬は、この人生の目的を全うした傑物です。彼が志したことは、自分の地位や名誉や名声を得ることでもなければ、金持ちになることでもなく、この国の優れた特性を生かした近代国家を建設することでした。龍馬の生涯は、まさに世のため人のために尽くす「社会的進化」への貢献そのものであったといえます。

のみならず、常に自己啓発、自己変革に努め、人生の目的を見事にとりえたからこそ、あのような偉業が達成できたのです。終始一貫して利他の行に徹し、徳を積むことにより、器を大きく成長させ、必要十分な人材やモノを招きよせることができたのです。

これほどわかりやすい有益な手本は他にあるでしょうか。わたしたちは本当に良い人生の手本に恵まれたものです。

つまり、働くことは、龍馬がそうであったように、人間の生きがいとつながっているのです。この生きがいは、世のため人のために役立ちたいという成功志向本能から来ていて、この本能が社会の存続を支えているのです。

したがって、働くこと（仕事）は、個人にとっては人生の柱、社会にとっては社会存続の柱となっていることに気づくことが肝心です。

働くことは、神事を伴う人類最大の行事で、生きることそのものであると言われる所以《ゆえん》もそこにあります。

13 仕事と役割意識

●仕事とは天からの授かりもの、預かりもの

したがって、われわれ現代人は今こそ仕事に対する意識（イメージ）を根本から変える必要があります。

「人間は一面では自分の意思で選び決めているように見えるけれど、反面、自分の意志以外の大きな力の作用によって動かされているということを考えることも大切ではないだろうか」（『その心意気やよし』）

と、松下幸之助氏も書いているように、仕事というものは、単に自分の小さな裁量によって取り仕切っているという類いのものではないのです。宇宙という大地に根ざした、もっと根元的で崇高なもので、よくよく深い縁があって出会った、まさに天か

らの授かりもの、天からの預かりものというに相応しいものといえます。

「天が自分に天職を与えてくれた」という役割意識に目覚めると、仕事に対するイメージや価値観が著しく向上し、取り組む姿勢も自ずと変わってきます。つまり、仕事の価値に見合った人間に自分自身をレベルアップ（進化）するのです。

それというのも、天はその人の器量に相応しい仕事を役割として授け、それを手立てとして自己の向上（進化）の励み、ひいては社会の発展（進化）に貢献するように気配りしてくれているからです。

●龍馬が天から授かった「日本の洗濯」

龍馬がわが身の危険をもかえりみず東奔西走し、さまざまな難関を乗り越えながら大政奉還という大事業にまで漕ぎつけたのも、やはり「日本を洗濯したい」という一念があったからこそです。そのことは、郷里の姉・乙女にあてた手紙の中で、

「日本を今一度せんたくいたし申し候事にいたすべくとの神願にて候」

と書いていることからもうかがえます。龍馬は「日本の洗濯」を天から授かった役

割すなわち「天命」と悟っていたのです。「神願にて候」とあるのがその証しです。

「彼は当時として、真に日本のために、国民のために何が正しいかということを、彼なりに本当に追求していっただろうと思うのです。そして、得た答が彼の行動になって現われたと思うのです。そういうものを持たずして、単に知恵、才覚、勇気だけではあれだけの仕事はできません」

松下幸之助氏もこう言及しています。

そして、龍馬が偉大だったのは、天命を悟っただけではなく、それを義務として成し遂げたことです。これが王陽明が言うところの「知行合一」です。

わたしたちはこれを龍馬に学ばねばなりません。わたしたちの共通の役割（天命）は、龍馬に学び、学んだことを世の中に生かすことにあると思うからです。

●出会えた仕事に感謝し徹底的に打ち込む

役割意識が高まると、仕事に心が通い、それが一体感となり、やがて仕事にある種の哲学を持つようになります。

日本人の「勤勉の哲学」は、江戸時代に確立されたものです。この哲学の優れた点は「刻苦」と「生きがい」という矛盾する概念を融合し、勤勉という高度な仕事観に止揚したこと、そして当面の苦境を見事に乗り切ったことにあります。

これを体系づけたのは、江戸初期の鈴木正三と、中期の石田梅岩《いしだばいがん》です。

鈴木正三の哲学は、人間の内心の秩序と社会の秩序と宇宙の秩序の一致という、仏教的世界観が基盤になっています。そして、その一致を見るには、人それぞれが自分の仕事を仏行と信じて、一心にそれに専念することが必要で、それによって人々の精神的安定が得られ、社会の秩序も確立すると説いています。

一方、正三の流れを汲んだ石田梅岩は儒教の大家で、仏教中心の正三とはいくらか違い、共通点は一所懸命働くことそれ自体修行であるという考え方、つまり宗教的哲学です。

正三と梅岩の説いた「勤勉の哲学」が、元禄時代の人々の心を支え、社会の統一と安定に役立ったことは確かのようです。そして、このときに基礎づけられた日本人の宗教的哲学が、後の明治維新と戦後の近代化に大きな役割を演じることになります。

確かに、出会えた仕事に感謝し、その仕事に喜んでもらえるように徹底的に仕事に打ち込んでみるのと、そうでないのとでは雲泥の差でしょう。お客さまはみな神さまであり仏さまであると、心の中で手を合わせて拝むほどの心境になってお客を大事にすると、こちらも嬉しいし、お客にも喜んでもらえるので、結果的に商売も繁盛することになります。

「生活における人間の幸福は自分の仕事に没頭することである」と、トルストイも言っていますが、その意味では、「仕事三昧」にまさる人生はないでしょう。そして、その「仕事三昧」の手本を示してくれたのが他ならぬ龍馬なのです。

●龍馬が為した「菩薩行」

しかし、「仕事三昧」と「働きばち」とは違います。「仕事三昧」とは、天から授かった天職と一体となること、仕事になりきることです。そこには崇高な思いがありますが、働きばちは、生活の糧を得るためだけに、ただむやみに働くだけです。

龍馬の短い生涯は、この国の危機を救い、新しい国作りにすべてを燃焼させました。まさに仕事冥利につきる仕事三昧《ざんまい》の一生であったといえます。

龍馬が為したことは、仏教的にいえば、「わが身を捨てて一切衆生の抜苦与楽せん」とする菩薩行にあたるものです。ですから、やりがい、生きがいこれにまさるものはなく、だからこそあのような大事業を達成できたといえるのです。

このように、仕事が「行」のレベルにまで昇華されると、そこには「行徳」というものが備わります。一心不乱に仕事に励めば、何事も首尾よくいく力が働くのです。

14 仕事の醍醐味

●仕事は楽しんでするもの

「努むは好むにしかず、好むは楽しむにしかず」と、昔からのことわざにもあるように、努力して仕事をする人は、好きでする人にはかなわない。好きでする人よりさらに上手は、楽しんでする人であるということで、立派な仕事をしている人たちはみな、仕事を楽しんでする考え方や知恵を身につけています。

先に述べたように、仕事は人生における最大の行事であり、「自己実現」という人間にとって最も創造的で本質的な行為です。本来は、生きがいにつながる、最も楽しいものであってしかるべきです。

そもそも仕事は、わたしたちにとって、神聖で貴重なもの。仕事がおもしろいか、つまらないかは誰のせいでもない、わたしたち自身の心の持ち方しだいなのです。もし仕事に身が入らないとすれば、仕事とのスキンシップが足りないことが原因です。仕事に真剣にぶつかっていけば、仕事に心も血も通い、自分自身を鍛えてくれるはずです。

どの仕事にも価値があり、それは真正面からぶつかっていって初めてわかるものです。つまり、仕事の価値、あるいは仕事の楽しさというものは、仕事に真剣にぶつかって創意工夫をすれば、享受することができるのです。

よい仕事をする人たちは、仕事の好き嫌い、ポストのよし悪しにこだわらないのが当たり前です。そして縁あって出会った仕事とは、たとえそれが何であれ、とことん仲良くつき合い、味方にしてしまうことをモットーとしています。

これを「天職精神」といいます。

仕事と人間は一心同体であり、仕事を生かすことによって自分も生かされる関係にあるわけですから、何はともあれ、まずどんな仕事にも興味を持ち、おもしろがって一生懸命することです。

万物はすべて自分の味方という心境で、和気あいあいとつき合うことが大切です。そうすれば、仕事のほうから醍醐味をプレゼントしてくれると、私は確信しています。

●考えながら行動し、行動しながら考える

ことに龍馬のように、大事業を為《な》さんとする場合には、創意工夫が人一倍要求されます。また仕事を達成したときには、それだけ醍醐味も味わうことができますから、その善循環で事を為すことができるのです。

龍馬の人生は、まさに創意工夫に徹した輝かしきものだったといえます。

龍馬が、北辰一刀流の千葉道場で剣術の修業をしていたのは十九歳の頃ですが、前に述べたように師範の千葉定吉（千葉周作の実弟）には、師範代をつとめる重太郎という息子と佐那という娘がいました。

佐那は女ながらに剣の筋もよく、龍馬が何度手合わせをしても勝てませんでした。

そこで龍馬はどうしたら勝てるか、何か妙案はないかと考えたすえに、一つの方法を

思いつきました。郷里の日根野道場で修得した小栗流の和術《やわら》の一つである体当たりです。それを佐那に敢行したのです。

面を打つと同時に突進、意表をつかれて、佐那は体をかわすことができず押し倒されました。そしてそのまま下に組み敷かれ、面鉄《めんがね》をとられて一本。龍馬は初めて佐那に勝ち、その日から佐那は、龍馬に勝てなくなったといいます。

このエピソードにもあるように、龍馬という人物は直面する難局を打開するために、常に創意工夫をこらし、「考動」した人でした。つまり考えながら行動し、行動しながら考えることがごく自然にできた人だったのです。

農夫にたとえれば「企てる人」です。「企」という字は「人」と「止」が合わさった字で、人が立ち止まって考えごとをするという意味です。昔、農夫がクワを立て、そのうえにアゴをおいて考えたことから「クワダテル」というようになったということです。

●龍馬がたてた超常識的な企て

龍馬は事実さまざまなことを企てました。それもすでに述べたように、超常識的な卓抜な企てがほとんどです。このことは、わたしたち現代人が大いに見習うべきことです。

その第一は、「脱藩」です。

自分を生かすには、これしかないと考えた末の命がけの敢行です。

第二は、亀山社中の設立です。

航海術の勉強を兼ねて海運の仕事をするのが目的でしたが、注目すべきは、「武士が商売する」という、当時としては破天荒な発想です。国を動かす大事には、政治活動だけではなく、経済活動との両輪で当たらねばならないという考えが龍馬にはありました。このハードとソフトのバランス感覚で対処する発想は、郷士という商人と武士の身分を兼ね備えた家で生まれた龍馬ならではの発想で、これが薩長同盟の橋渡しに大きな役割を演ずることになります。

第三は、その薩長同盟の実現です。

当時犬猿の仲だった両藩の手を結ばせるという、まさに不可能を可能にした逆転の発想です。それを可能にしたのは、人と人とで鼻をつき合わせる前に、まずお互いが必要としている「物」を交換させて物同士で手を結ばせるという発想、つまり実利を重んじたソフトな発想が功を奏したわけです。さすが龍馬ならではの発想です。

第四は、尊攘浪士の北海道（蝦夷地）移住という奇抜な企画です。

狙いは北辺の防備と浪士たちの救済にありました。事態の急変で実現には至りませんでしたが、龍馬ならではの発想です。

第五は、これも実現には至りませんでしたが、薩長合弁の商社の設立です。

龍馬は以前から政治と経済は不可分で、武力対決をせずとも、幕府の経済力をそぐことで倒せるという考えを持っていました。それには薩長合弁の商社を設立すること、それにより政治と経済の両面の同盟が確立できれば　雄藩同盟は一層強固になると、期待を抱いていたのです。

第六は、仇敵の後藤象二郎とコンビを組んだことです。

これも常識では考えられない逆転の発想です。幕府に大政奉還を迫るような大仕事には、土佐二十四万石の力を借りなくては叶わぬと見た龍馬は、藩主に信望のある後藤と手を組むことが最良の策と考え、後藤との過去の私怨を水に流し協力体制を作りあげたのです。

第七は、龍馬が隊長をつとめる海援隊の運営のあり方です。

海援隊は海運業を営む営利団体というだけではなく、能力を磨く教育機関的な一面も備えていて、人材開発にも力を入れていました。独裁的な運用はせず、亀山社中時代からの特徴である合議制をそのまま受け継ぎ、身分的な差別は一切せず、封建時代としては極めて進歩的な組織だったということです。

第八は、「いろは丸事件」における紀州との交渉における数々の秘策です。

御三家の威光をかさに着て横暴な態度に出る紀州藩に対し、龍馬は折から長崎にきていた桂小五郎（木戸孝允）と図り、「長州と土佐が連合して紀州と一戦を交えようとしている」と噂を流した上に、ざれ歌を作って丸山の色街で歌わせたり、世論を操作して相手を窮地に追いこむ作戦を取りました。

また土佐藩をうまく活用し、土佐藩を前面に押し立て紀州藩との交渉にあたらせたこともその一つ。もう一つは、万国公法に照らして海事審判で決着をつけようとしたことです。

これらの策が功を奏して、結局、紀州藩は八万三千両を支払うことで決着をつけました。

第九は、あの有名な「船中八策」の創案と大政奉還の発想です。

船中八策は、立憲的国家体制を目指すもので、「この時期に、来るべき日本の社会体制について、これだけ明確な認識をもちえたものは、坂本龍馬をおいて他にはない」と、作家の桂英澄氏も述べています。

また大政奉還は、前にも述べたように、佐幕か反幕か、尊王か親幕かといった対立的にとらえるのではなく、対立を超えた第三の発想から生まれた方策です。その目的は、幕府との武力対決を回避し、平和裡に新しい日本を実現するところにありました。

まだまだ他にもいろいろあります。ですが重要なことは、創意工夫によって事態がいかに大きく変わり、好転するかということです。

六章

坂本龍馬

夢を実現する

15 時代の大転換期になすべきこと

●龍馬にならって「日本の洗濯」を志す

「日本史が坂本龍馬を持ったことは、それ自体奇跡であった」と、司馬遼太郎氏も述べているように、龍馬はたしかに日本史が生んだ奇跡的な人物でした。

彼はそのことを裏づけるように、奇跡を起こす考え方や方法について、数多くの貴重な手本を身をもって示してくれました。その意義のもつ大きさは、計り知れないものがあります。

なぜならば、龍馬を手本とした生き方を心掛ければ、さまざまな奇跡のような大事を為すことができるからです。また彼もそうあることを願って、後世のためにあのような手本を残してくれたに違いありません。

といいますのも、龍馬は時代の大転換期には何を為すべきかについても、きちんと親切に教えてくれているからです。それが、

「日本の洗濯をする！」

なのです。「日本の洗濯をする」つまり、日本の改革をすることが龍馬の夢でした。彼はそのことに全身全霊を注ぎ、さわやかにも見事にそれを成し遂げ、新生日本の礎を築きました。そのおかげでわたしたちもこうして今ここに生活していられることを忘れてはなりません。

このことは同じ大変革期を生きるわたしたち現代人にも、そのまま当てはまります。時代の大転換期に為すべきことは、「日本の洗濯をする」ことであるのです。

この手本に習い、わたしたちもまた改革を志し、後世のために新生日本の礎を築かなくてはならないということです。そして、それがわたしたち現代人に課せられた共通のテーマであり、役割であり、使命であるのです。

あとは、それをどのようにして行うか、具体的な方法が必要ですが、決して難しい

ことではありません。龍馬という良い手本があるからです。

●龍馬が教える「変革を乗り切る三原則」

龍馬には、自己を変革するための哲学がありました。次の三原則がそれです。

① 陳腐化して役に立たなくなったものを壊す（捨てる）
② 新しい必要なものを創造する
③ 古くても役に立つものは生かしつづける

龍馬でいえば、硬直化した幕藩体制や封建制を取り壊したことが①に、薩長同盟や海援隊や大政奉還を実現し、近代日本の礎を築いたことが②に、日本人固有の「間」「和の精神」「美意識」「勤勉性」といった伝統的特長やすぐれた「創造性」などが③に、それぞれ該当します。

龍馬の生涯は、この三原則の実行にあったといってよいでしょう。

この三原則の優れている点は、「壊す」と「創る」、「新しい」と「古さ（伝統）」という共生原理を見事に生かし、決して壊しっぱなしにしたり、新しがり屋で終わらなかったことです。

つまり、あたかも〈水〉を師と仰《あお》いでいるかのように、無私無欲をモットーに、何事をも恐れず自由自在に、思考も行動も流動的、時代の流れには敏感に反応、そして軽やかに法則に従っていたということです。

●どのようにして「日本の洗濯をする」のか？

「日本の洗濯をする」とは、一言でいうと、国そのものを変革（リストラ）し、より良い国作りをするということです。

そういうと、多分そんな大それたことはとてもできそうにないと、はじめから否定してかかる人がいるでしょうが、決してそんなことはありません。

そういう人は、ものの考え方の基本がしっかりできていない証拠であり、また自分の値打ちを著しく下げてしまっていることに気づいていないのです。

ものの考え方には、次のような三原則があると、安岡正篤氏も指摘しています。

① なるべく目先にとらわれないで、できるだけ長い目で見ること。
② ものの一面一辺だけを見ないでなるべく多面的に見る。あるいは全面的に見ること。
③ 枝葉末節に走らないで、できるだけ根本的に見ること。

これらの原則に基いて考えてみれば、「国を良くする」とはどういうことかが、自ずとわかるはずです。

「天下国家の本は国にある。国の本は家にある。家の本は自分自身にある。真に天下国家を愛するのであれば、まず自分自身を修めることを忘れてはならない」と、孟子も言っているように、国を良くするとは、わたしたち国民一人ひとりが自分を良くすることに他ならないのです。

つまり、「日本の洗濯をする」ということは、わたしたち一人ひとりが「自分自身の洗濯をする」ことに他ならないということです。

ですから、国そのものの洗濯に取り組み、見事に成功させた龍馬のことを思えば、自分一人の洗濯などわけないことです。そう思うべきではないでしょうか。それどころか、むしろ自分自身の洗濯ができることに、感謝しなくてはいけないくらいです。

なぜならば、自分自身の洗濯をすることは、より良い国作りに貢献するだけではなく、自分自身のリストラ、すなわちよりすぐれた新しい自分作りにもなるからです。

手本はすべて龍馬が示してくれているのです。しかも、それを行うことの意義は、計り知れないほど大きいのですから、これほどやり甲斐のある恵まれた仕事はありません。

16「自分自身を洗濯する」七つの方法

●人間性のレベルを高める三原則

「自分自身を洗濯する」とは、言いかえれば自分自身が抱えこんでいる役に立たない、有害な知識や固定観念、心の垢を洗い落として自分自身を磨き、レベルの高い人間に再構築すること。つまり人間学を修得し、人間性（知性、感性、徳性、霊性など）レベルを高めることです。

平和で健全な世の中は、人間性レベルの高い賢い人の多い世の中。その反対が困った事件や問題が多い不健全な、人間性レベルの低い人の多い世の中。ですから、世の中をより早く確実に良くするには、わたしたち一人ひとりが人間性レベルを高めることです。

具体的な方法としては龍馬にあやかり、自己改革の三原則（壊す、作る、守る）を基本に行えばよいのです。それには次にあげる七つの具体的な方法があります。

①自然の法則や宇宙の公理を重んじ、善いことを心がけること

原因と結果の法則はとくに重要です。それは善因に対する善果という因果の法則（因果律）の働きによるものです。つまり、この世界は進化につながる「善」なる行ないをすると、必ず喜びにつながる好ましい結果（善果）が返ってきます。

反対に、退化につながる「悪」なる行いをすると、まちがいなく苦しみにつながる、いやな結果（悪果）が運ばれてくる、という法則の下ですべてが動いて、わたしたちの生き方にきちんと指針を与えてくれているのです。

わたしたちの生き方に深くかかわる大原則といわれるものは、得てして、そのように誰にでもわかる単純にして明快なものばかりです。大自然の気くばりの行き届いた深い思いやりというべきでしょう。肝心なことは、それを素直に受け入れることができるか否かです。できる人は仕事もうまくいく人です。

なぜかというと、進化の柱である仕事自身が仕事を通じて、その大原則を教えるようになっているからです。ですから、本物人間をめざすには、自分を高め、社会を良くする善い考え、善い行動に徹することです。

②勤勉であること

勤勉というと堅苦しく聞こえますが、創意工夫をこらし、熱心に日々の仕事に取り組むことです。お客さんに対しても商品に対しても、仕事そのものに対しても、社会に対しても、また自分自身に対しても喜んでもらえるように誠意を尽くすことです。

このように、日々の仕事に対して、常に進歩、向上をめざしながら、精魂こめて取り組んでいくところに、人間の真骨頂があるのです。

③貪《むさぼ》らないこと

つまり私利私欲に執着しないことです。釈迦は、「貪《とん》、瞋《じん》、痴《ち》」の三つをあげて、根本煩悩あるいは「三毒」といって戒めています。

貪《むさぼ》りと怒りと、おろかしさの三毒は、わたしたち人間の心身を毒し、悩ますばかりではなく、他人をも害する最も悪い精神作用です。中でも、「貪《とん》」はその筆頭です。「貪る」とは飽くなき欲望のことで、この欲望がなくなると人間は活力を失って生きていくことができません。食欲も色欲もここから生まれてくるのですから。

さらに困るのは、執着まで貪ることです。一度手に入れたものはなかなか手ばなそうとはせず、執着がまた貪る心を生むという悪循環になります。

この執着のなかでいちばん悪いのが、間違った考え方や習慣に対する執着です。これを抱えこんだままでいると、悪が悪の縁を招いて欲求不満や不幸の一途を辿ることになります。

このように、貪りや執着は放っておけば、たしかに悪いほうに作用しますが、これをコントロールすることによって百八十度転換させることもできます。ここが大事なところで、この転換することを「浄化」といいます。

つまり、貪りや執着する対象を変えればよいのです。役に立たない考え方や習慣に執着することをやめて、役に立つ考え方や習慣、すなわち広い視野に立った宇宙の原理原則に執着するように、発想の大転換を図ることです。

④自己中心の考え方、すなわち利己主義をやめること

自分勝手なわがままな心を捨て、もっと広い心を持つように心がけることです。
大は戦争から、小は夫婦げんかに至るまで、ほとんどの争いは、すべて手前勝手なわがままが原因です。いや、そればかりか、わたしたちの身体の中での争い（病気）までもわがままが原因のことが多々あります。

つまり、自分勝手な反自然的な行いは、自他を破壊に導く以外の何ものでもなく、根本的に間違っているということを、たとえばガン細胞は憎まれ役を演じながら、わたしたちに教えてくれているのではないかと思うのですが。

ところが、人間はガン細胞を撲滅することのみに終始し、このガン細胞の警告を見落とし、いたるところで自己中心的な振る舞いを展開しているのではないでしょうか。

そうした自己中心的な風潮は、個人への着眼、とくに「唯我を以って最上とすべし」という龍馬の言葉にもあるように、「自分の人生の主人公は自分自身、自分の人生は自分で切り拓いていけるようにできている」ことへの着眼、すなわち自助自立の精神への着眼を促すために時代が生み出したもので、決して利己主義に走れということではないのです。

むしろ反対で、個人と社会との真の関係に目覚めるように示唆したものです。個人と社会の間にもやはり相補性が成り立っているのです。

これが大きくくずれると、社会も個人も崩壊してしまいます。個人の主張が強すぎて社会全体をかえりみなくなると、社会は崩壊に向かい、結果的には個人も破壊します。反対に社会のしめつけが強すぎると、個人が失われて崩壊にひんし、結果的には社会も崩壊してしまいます。

このように、わたしたちが生きていくには、個人と社会が共生関係を保ちながら共に進化していく、いわゆる共生進化が大前提となっていることを知ることが肝心です。

⑤利他の精神に徹し、人を害することをしないこと

思いやりの心を持つことです。自己本位の人間は、自分の都合の悪いことに対しては、いつも腹を立てたり、愚痴をこぼしたり、そのあげくに原因を他人のせいにし、自分は少しも悪くないと言い張ります。しかもそのうっぷんを他人にぶつけて平気でいるという、いじめの態度そのものです。

このように、これは自分をも不幸にする退化の根本原因ですから、自分の利益を考えたつもりが、結局不利なことでしかなかったという、皮肉な結果を生むことになります。

わたしたちの為すべきことは、その反対です。自分の利益を考えるなら、まず他人の利益を優先させることです。他人を思いやり、いたわり、愛し、はげまし、育てる心を持ち、それを行動に現わすことです。困っていたら助けてあげる、喜びも悲しみも他人と一緒に分かち合うことです。

この利他の精神は、人間関係を円滑にし、信用を築く基となり、成功にもつながるだけではなく、心身の健康のためにもよいのです。

他人を思いやる、あるいは助けるといった利他の行いをすることを、一般に「徳」を積むといいますが、徳は「運」をよくする原動力で、これが十分に蓄えられないと、何事もうまくいきません。利他の精神が大切なのもそのためです。

つまり、どんな天才でも徳を積む努力をしないと運が開けないので大成できないということです。

利他の精神は個人的にも社会的にも、きわめて重要で、これを大切にしている人が、人生の勝利者としての資格があるといっても過言ではありません。龍馬がよい見本でしょう。

⑥自分を大切にすること

今の利他主義も、このことにつながります。運をよくすることは自分の可能性を高め、人生を豊かにすることになるからです。つまり、他人を大切にすることは、自分を大切にすることに他ならないということです。

すでに述べたように、わたしたちは天地の神から抱えきれないほどの宝物（偉大な能力、すぐれた天性、自尊心、向上心、博愛心、創造性など）を授かっているのです。まずこの事実をしっかりと心に刻みこみ、次に人間として生まれてきたこと、このすばらしい日本の国に生を受けたこと、そして龍馬というよき師を持つことができたことが、いかに奇跡的で恵まれたことであるかを深く自覚し、自己の尊厳を傷つけることをすべて取り除くことです。

たとえば、自分を見下げること、劣等感をいだくこと、くよくよ悩むこと、よけいな心配をすること、いたずらに不安感や恐怖感をいだくこと、自信をなくすこと、怠け心を起こすこと、目的も持たずにただなんとなく生きること、などがそれです。

わたしたちに相応しいことは、自分の能力を確信し、いかに多くそれを引き出し、いかに多く世のため人のためになることをするか、ただそれだけを考え、あとは自信を持って意欲的に取り組んでいくことです。

⑦よく読み、よく学ぶ

よい仕事をしている人、仕事で成功している人たちは、みな一様に勉強熱心で、本をよく読んでいます。裏を返せば、勉強嫌いな人、読書嫌いな人は成功できないということです。

なぜならば、仕事を成功させるには、龍馬がそうだったように、どうしたらうまくいくか、常に考え、創意工夫をこらさなくてはなりません。それには、調べたり本を読んだり、実際に体験したりすることが、自ずと必要になるからです。

それというのも、この世界はすでに述べたように進歩、発展、向上、進化する方向に道が開かれていて、人生の柱である学業や仕事を通じて、修得する仕組みになっているからです。いわば、学ぶこと、勉強することは、人間であることの証《あかし》のようなものので、最も人間的な行為といってもおかしくないのです。

その道で名を成す人たちは、いずれも人一倍研究熱心で、本をよく読み、座右の書も必ず何冊か持っています。

龍馬の座右の書は『大日本史』『史記』『資治通鑑』『老子』『万国公法』などでした。

17「世界の海援隊」を目指す！

●二十一世紀は日本が主役

二十一世紀は、すでに述べたように日本が主役を務める番です。これはいわば必然的といっていいでしょう。

中心統合型の西洋近代文明が行きづまり、良質化の時代に通用するような高度な次なる文明、すなわち中空均衡型の日本文明がバトンを引き継いでいくことは、きわめて自然な成り行きといえます。そこには時代（宇宙）の意思が強く反映されているように思われます。

その証に、日本というこの国が、地球上に存在していてくれて本当によかった、もはや地球文明の危機を救うのは、日本文明しかないという切実な声が、世界の有識者のあいだからも聞こえています。

日本の精神文化を広く世界に紹介しておられるフランスの高名な作家で美学博士のオリヴィエ・ジェルマントマさんは、著書『日本待望論』の中でこう述べています。

「日本の皆さんは、人類史上最高の精神文化の継承者です。そして地球上の最も力強い活力に満ちた国民であり、その文化は新時代の知のいかなる条件にも即応できる性質のものだと思います。不幸にして一敗地にまみれたとはいえ、まさに奇跡としか言いようのない努力を傾注して世界第二位の経済大国を建設されました。ならば、なぜこの気概をあらゆる領域で積極的に発揮しようとはなさらないのですか。

万人の幸福のために日本民族のはたすべき使命は、まことに大きいのです。

日本文化の真価を、誇らかに強固に発揮してほしいと、周囲は待望しています」

また、アメリカ屈指のシンクタンクであるハドソン研究所が刊行した『超大国日本は必ず甦る』の中で、研究所長のハーバー・ロンドンさんも、日本についてこう言及しています。

「古代、神は美しい矛を海原にさしいれ、特別に選ばれた人間のために海の底から肥沃な土を引き上げた。そうして誕生したのが日本列島であると神話には記されている。さまざまな意味で、日本は神の恩恵を受けた国なのである。富を生み出す天然資源こそ持たないが、創造力にあふれた国民を与えられ、資源の乏しさをものともせず、何世紀にもわたり強力で豊かな国を築いてきた。

時代への逆行、ファシズムへの傾斜と敗戦はあったが、日本はその歴史を通じて並はずれた回復力を示してきた。日本という国にもともと備わっているそうしたパワーも、経済危機の渦中にあって見過ごされがちである。今はたしかに景気は落ちこんでいるが、それでも日本は経済的優位を取り戻すのに必要な力を失っていない。

この主張こそ、ハドソン研究所が著した本書の最も重要なテーマである。経済危機の根がどれほど深くても、日本はふたたび這い上がるだけの内的資源を持っているというのが、慎重に検討した末に私がたどりついた結論である。……

日本の落日はない。日はまた昇る。日本人が無気力の罠にはまったり、日本人のあいだに蔓延する悲観論者の見解を信じたりするのはたいへんな間違いである。突き詰めて言えば、文化には経済を上回る力があり、日本文化には成功と弾力性という要素が備わっているのだ」

このように外国の有識者は、異口同音に日本文化の質の高さとその力の大きさを評価し、その復活を待望し、それが二十一世紀の世界の安定と発展に貢献する日本の進むべき道であることを示唆しているのです。

いまや、日本が世界を必要としている以上に、世界が日本を必要としている時代を迎えているのです。この厳粛な事実に対して、わたしたちは大いなる誇りをもつとともに、これを真摯な態度で受けとめ、広大な心と気概をもって対処していくことが必要でしょう。

●新しい「世界づくり」に邁進する！

龍馬は、新政府が発足しても、自分は官職（権力の座）にはつかない意志を固めていたようです。「役人にならず、どうするのか？」と西郷に聞かれ、「世界の海援隊でもつくりますか」と応えたという有名な話が伝わっていますが、おそらく龍馬は日本というこの国の持ち味を世界という檜舞台で生かしてみたい、そして願わくば「世界の海援隊」ならぬ「世界の洗濯」をもしてみたいという壮大な夢（ビジョン）をきっと地球を枕に描いていたのではないかと、私には思えるのです。

龍馬のことですから、将来、日本が世界のリーダーとしての役割を果たさなければならないときが必ずくることを直観（予知）し、そのことを「世界の海援隊」という言葉に託していたのではないか、という気がしてなりません。

ですから、この言葉を知っているだけでは何の意味も価値もありません。龍馬から託された夢を果たすことによって、初めてこの言葉の真価が甦るのです。この夢を果たすことが、われわれに課せられたもう一つの「使命」です。「日本の洗濯」は、いわばそのための布石であったといえるでしょう。

〈参考文献〉

『文明論』岸根卓郎著（東洋経済新報社）
『カオスの自然学』ティオドール・シュベンク著／赤井敏夫訳（工作舎）
『信念をつらぬく』ベン・スィートランド著／桑名一央訳（創元社）
『安岡正篤』寺師睦宗著（三笠書房）
『脳の革命』永田勝太郎著（祥伝社）
『間の日本文化』剣持武彦著（講談社）
『すき間文化論』清水馨八郎著（新潮社）
『素直な心になるために』松下幸之助著（ＰＨＰ研究所）
『日本待望論』オリヴィエ・ジェルマントマ著／吉田好克訳（産経新聞社）
『超大国日本は必ず甦える』ハドソン研究所著／楡井浩一訳（徳間書店）
『龍馬のすべて』平尾道雄著（高知新聞社）
『坂本龍馬・男の魅力』宮地佐一郎著（三笠書房）
『竜馬がゆく』司馬遼太郎著（文藝春秋）
『坂本龍馬のすべてがわかる本』風巻絃一著（三笠書房）
『坂本龍馬・男の値打ち』芳岡堂太著（三笠書房）
『坂本龍馬　歴史の波濤に挑んだ青春』（学習研究社）
『龍馬はこう語った』森友幸照著（中経出版）

坂本龍馬　最強の人生哲学

著　者　百瀬　昭次
発行者　真船美保子
発行所　KK ロングセラーズ
東京都新宿区高田馬場 2-1-2　〒 169-0075
電話（03）3204-5161(代)　振替　00120-7-145737
http://www.kklong.co.jp
印　刷　中央精版印刷(株)
製　本　(株)難波製本

落丁・乱丁はお取り替えいたします。
※定価と発行日はカバーに表示してあります。
ISBN978-4-8454-5075-6　C0230　Printed In Japan 2018